すぐ実践できる！

アクティブ・ラーニング 中学 英語

シリーズ編集　**西川 純**

著者　伊藤大輔・木花一則・進藤豪人・細山美栄子

学陽書房

まえがき

● 大変革が始まった

　アクティブ・ラーニングという言葉がこの1年で急激に広がりました。その広がり方は「言語活動の充実」の時とは全く違います。たとえば、言語活動の充実の時は、「ま、話し合い活動を増やせばいいのね。じゃあ、大丈夫」という雰囲気がありました。

　しかし、今回は違います。新学習指導要領の答申の出る数年も前からアクティブ・ラーニングは大きな話題になり始めました。

　一方で、地方の教育委員会の中には、「アクティブ・ラーニングは今までの実践の延長上にあります（つまり、少しやればいい）」と言ったり、はては「アクティブ・ラーニングは既に我々のやっている実践です（つまり、何もしなくてもいい）」と言ったりしています。「言語活動の充実」が学習指導要領に謳われた時には「言語活動の充実は今までの実践の延長上にあります」と言ったり、はては「言語活動の充実は既に我々のやっている実践です」と言ったりはしなかったと思います。「言語活動を充実しましょう」と指導していたはずです。なぜ、今回は違うのでしょうか？

　怖いのです。今回のアクティブ・ラーニングはその程度では済まないことを地方の教育委員会も感じているからです。

　日本の学校教育は今までに2度、大きな変革がありました。
　第一は、近代学校教育制度が成立した明治の初めです。第二は、終戦直後、戦後教育の誕生です。そして今回は、その二つに匹敵するほどの

大きな改革になります。今までの「総合的な学習の時間」の導入、「言語活動の充実」、また、「道徳の教科化」とはレベルの違う改革です。
　それは近代学校教育制度が成立した根幹を根本的に変える大改革なのです。

● あなたがキーパーソン

　本書を手に取っている方は、そのようなことを感じられるアンテナを持っている方だと思います。そして、アクティブ・ラーニングの本や雑誌を読み、対応すべきであることを理解している方です。

　しかし、アクティブ・ラーニングに対応できそうな単元は思いつくが、逆に、アクティブ・ラーニングでどのように指導したらよいかイメージができない単元もあると思います。1年間の指導をバランスよくトータルにアクティブ・ラーニングで指導するには、さまざまな単元、場面での指導の実際を知る必要があります。

　本書はそうしたあなたのための本です。

　本書ではアクティブ・ラーニングで英語の教科指導をしている中学校の先生方の実践のノウハウを紹介しております。ぜひ、参考にしてください。使えるならば、そのまま使ってください。どうぞ。

　しかし、アクティブ・ラーニングは実は自由度の高いものです。本書を通してさまざまな実践を知ることによって、「あなた」独自のものを生み出してください。本書はそのきっかけになると思います。

　さあ、始めましょう！

上越教育大学教職大学院教授

西川　純

一斉授業と
アクティブ・ラーニングの違いって？

▶ 一斉授業の場合

- 教師が一方的に講義をし、子どもは静かに座っているのが望ましい。
- 教師のペースで授業が進む。子どもは黙っている。
- わからない子がいても授業は進む。

▶ アクティブ・ラーニングの場合

- 教師は課題を与え、子どもは子ども同士で教え合い、学び合う。
- 子どもは能動的に動き、他の子に教えたり、質問したりする。
- わからない子は、わかるまでクラスメートに聞くことができる！

アクティブ・ラーニングの授業を見てみよう！

❶ 授業開始

英語の時間。授業開始です。まず、教師が簡潔にこの授業時間での課題と目標を伝えます（5分以内で）。必ず「全員達成」を求めます。課題は黒板に板書したり、プリントを渡したりして、生徒が明確にわかるようにします。生徒はまず課題を確認します。

❷ 「さあ、どうぞ！」で動き始める

「さあ、どうぞ！」の教師の声で生徒たちが動き始めます。生徒が課題に取り組む活動時間を最大限確保することが大事です。活動時間が長いほど学習効果は倍増します。

3 グループが生まれる

生徒はまず思い思いのグループをつくり、最初は自分で課題を解き始めます。

だんだん、「わからないから教えて」「ここってどうするの？」など生徒同士で学び合ったり、教え合ったりし始めます。

4 どんどん関わりが増えていく

どんどん関わり合いが増えていきます。iPadなどを活用するグループも出てきます。

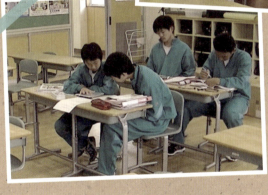

どんどん生徒の動きがダイナミックになり、さまざまに生徒が動いて、いろんな生徒同士の関わりが生まれていきます。耳を傾けると、しっかり課題の話をし合っています。教師は全体に対して目を配り、声をかけ、「あと5分！」などと活動を促します。

❺ 全員が達成したか振り返る

- 最後に全員が課題を達成できたかどうかを振り返ります（5分以内で）。
- 「次は達成するために、どう動いて助け合ったらいいのか考えよう！」
- と教師は生徒自身に次への戦略を考えさせる投げかけをします。

こうしたアクティブ・ラーニングの授業を繰り返すうちに、生徒はどんどん全員達成のための戦略を考えるようになり、わからない友だちに教えるために予習してくる生徒まで出てきます。

そして、全員の成績がぐんぐん上がり、他者と関わり合いながら課題発見したり、課題解決する力がみるみる伸びていきます。

アクティブ・ラーニングの授業は実はカンタンに取り組めます！ ぜひ本書を読んで、トライしてみてください！

すぐ実践できる！　アクティブ・ラーニング　中学英語
CONTENTS

まえがき　2
一斉授業とアクティブ・ラーニングの違いって？　4
アクティブ・ラーニングの授業を見てみよう！　5

CHAPTER 1　アクティブ・ラーニングの授業ってどんなもの？

1　アクティブ・ラーニングはいまなぜ必要か？　14
2　入試のためにもアクティブ・ラーニングは必要になる！　16
3　即戦力を育てる授業とはどんな授業であるべきか？　18
4　アクティブ・ラーニングの授業イメージ　20
5　アクティブ・ラーニングの実際の授業を見てみよう！（前半の動き）　22
6　アクティブ・ラーニングの実際の授業を見てみよう！（後半の動き）　24
7　アクティブ・ラーニングへの生徒の感想　26
8　アクティブ・ラーニングで生徒の成績が上がった！　28

COLUMN　実践事例
アクティブ・ラーニングで全員が成長する　30

COLUMN　『学び合い』によるアクティブ・ラーニングの「学校観」と「子ども観」　32

CHAPTER 2　アクティブ・ラーニングが生徒と授業を変える！実践＆事例編

1　最初にアクティブ・ラーニング授業をするときには　34
2　課題と評価はどうすべきか　36
3　教師の役割とは？　38
4　「一人も見捨てない」を生徒に強く求める　40
5　最後の5分で何を語るか　42
6　知識を定着させるための授業実践　44
7　学んだことを応用する授業実践　48
8　生徒の自主性を育てる教師の支援の実践事例　54

COLUMN 実践事例
初任者でもできるアクティブ・ラーニング　60

COLUMN　アクティブ・ラーニングはなんでもアリではない　62

CHAPTER 3　やってみよう！　アクティブ・ラーニング課題づくり編

1　単元目標を決めよう　64
2　評価基準と評価方法を決めよう　66
3　毎回の課題をつくろう　68
4　課題のつくり方①　中1のスタートに最適の課題　70
5　課題のつくり方②　学力差を解消する中1後半〜の課題　72
6　課題のつくり方③　中2後半向けの英作文の力をつける課題　74
7　課題のつくり方④　中3で挑戦！　長文読解の課題　76

8	指導案と授業の実例①	be動詞と一般動詞を説明する　78
9	指導案と授業の実例②	絵を見て現在進行形を英作文する　80
10	指導案と授業の実例③	疑問詞の使い分けを説明する　82
11	指導案と授業の実例④	助動詞で作文し、音読する　84
12	指導案と授業の実例⑤	命令文で学校への提案をポスターに！　86
13	指導案と授業の実例⑥	先週日曜のことを過去形で紹介する　88
14	指導案と授業の実例⑦	予定を友達に聞いて助動詞willでまとめる　90
15	指導案と授業の実例⑧	5つの事柄を不定詞でALTに説明する　92
16	指導案と授業の実例⑨	十二支を使って比較の文を作る　94
17	指導案と授業の実例⑩	好きなものについて現在完了を使いスピーチ　96
18	指導案と授業の実例⑪	中1から入試問題をやってみよう！　98
19	指導案と授業の実例⑫	中3なら入試対策を全員でやってみよう！　100
20	単元を任せる課題設定　102	
21	異学年でのアクティブ・ラーニング　104	
22	アクティブ・ラーニングで小中連携　106	
23	特別支援学級と通常学級の合同授業　108	

COLUMN 実践事例
アクティブ・ラーニングとの出会い　110

COLUMN アクティブ・ラーニングは方法ではない。教師の腹が成功のカギ　112

CHAPTER 4 困ったときには？ アクティブ・ラーニングQ&A

Q1 教師が指導しなくても発音は身につくの？ 114

Q2 ALTはどう活用すればいい？ 116

Q3 ICT機器の有効な活用方法は？ 118

Q4 アクティブ・ラーニング授業での評価は従来とは違うの？ 120

Q5 ノート指導はどうする？ 122

Q6 アクティブ・ラーニングを受け入れてもらえなかったら？ 124

COLUMN 実践事例
みずから考えさせる活動を展開する 126

COLUMN これからの教師の職能とは何か？ 128

読書ガイド 129

CHAPTER 1

アクティブ・ラーニングの授業ってどんなもの？

STEP 1: アクティブ・ラーニングはいまなぜ必要か？

＼ 学習指導要領はどうでもいい ／

「え？！」と思うような言葉から書き始めます。

次期学習指導要領の「キーワード」であるためアクティブ・ラーニングという言葉に関心が集まっていますが、私は学習指導要領がどう決まっても、決まらなくても重要ではないと考えています。

なぜなら、アクティブ・ラーニングをやらなければならないと考えている主体は学校や文部科学省ではなく、日本政府、特に経済・産業界だからです。

詳しくは巻末に紹介している関係書籍をお読みいただきたいと思います。簡単に言えば、少子高齢化によって日本国内の市場が急激に縮小し、経済・産業界が人材育成をする余裕がなくなって即戦力を求めるようになったから、教育は変わらざるを得ないのです。

企業は即戦力となる人を採用し、それ以外の人を採用しなくなっています。具体的には、即戦力となる人を養成できない高校や大学の卒業生は正規採用されません。

そのため高校も大学も、今後は即戦力の人材になれる生徒しか入学させません。学習指導要領で何が決まっても、何が決まらなくても、就職できるか否かという企業の求める即戦力の基準は影響されません。そして、これからは偏差値ではなく、就職できるか否かという基準で、高校も大学も受験者を選ぶようになります。

入試が激変するのです。

そのことは、学習指導要領の規定より保護者・子どもには重大なことであり、教師もそのニーズに対応せざるを得ないからです。

大人としてコミュニケーションできること

企業の求める即戦力とは何でしょうか？　もちろん、個々の知識・技能も含まれます。しかし、それ以上に「大人として自分の責任を認識し、人と協働でき、問題を解決できる人材」であることを求めています。

小学校の先生にお伺いします。小学生は「大人」だと思いますか？　違うとしたら、では、大人に育てるのはいつですか？　それは中学校、高校の仕事と考えているのではないでしょうか？

中学校の先生にお伺いします。中学生は「大人」だと思いますか？　違うとしたら、では、大人に育てるのはいつですか？　それは高校、大学の仕事と考えているのではないでしょうか？

高校・大学の先生にお伺いします。生徒・学生は「大人」だと思いますか？　違うとしたら、では、大人に育てるのはいつですか？　大人に育てるのは社会の仕事、具体的には職場の仕事と考えているのではないでしょうか？

そして、企業は学校教育にあまり期待せず、人材養成は自分たちでやるものだと考えていました。

今までは。

しかし、先に述べたように企業は「それは営利企業の我々の仕事ではなく、学校の仕事だ」と主張し始めたのです。それがアクティブ・ラーニングが導入される真の理由なのです。

（西川純）

STEP 2 入試のためにもアクティブ・ラーニングは必要になる！

\ 入試と連動しているから避けられない /

　文部科学省は今回のアクティブ・ラーニングの導入について、大学入試を変えることによって徹底するという、今までやったことのないことをやろうとしています。『**新しい時代にふさわしい高大接続の実現に向けた高等学校教育、大学教育、大学入学者選抜の一体的改革について（答申）**』では以下のように書かれています。

> 　18歳頃における一度限りの一斉受験という特殊な行事が、長い人生航路における最大の分岐点であり目標であるとする、我が国の社会全体に深く根を張った従来型の「大学入試」や、その背景にある、画一的な一斉試験で正答に関する知識の再生を一点刻みに問い、その結果の点数のみに依拠した選抜を行うことが公平であるとする、「公平性」の観念という桎梏は断ち切らなければならない。(中略)「1点刻み」の客観性にとらわれた評価から脱し、各大学の個別選抜における多様な評価方法の導入を促進する観点から、大学及び大学入試希望者に対して、段階別表示による成績提供を行う。

\ 「1点刻み」を明確に否定し、「人が人を選ぶ」個別選抜へ /

　答申によれば、センター試験の廃止後、「大学入学希望者学力評価テ

スト（仮称）」が導入されます。正解のない質問に論理立てて答えるという、詰め込み型教育だけでは答えられないテストにしていく方針が打ち出されています。

　さらに、テストの点数の扱い方が違います。いままでのセンター試験では「１点刻み」の結果が受験校に行きます。１点刻みであれば、同一点数の受験者は多くはなく、ある点数以上を全員合格にできます。

　しかし、段階別表示となれば、仮に10点刻みにすれば、その段階の受験者は単純計算で10倍、合否ラインの段階ではさらに膨大になるはずです。とすれば、合否ラインの段階の受験者を全員合格させれば定員大幅超過、逆に全部不合格にすれば大幅定員割れとなり、結果として新テストは足切りには使えますが、それだけで合否を決められません。

　そこで答申では、各大学で独自の入試ポリシーを決めて、それと対応する試験をすることを求めています。その方法は**「小論文、面接、集団討論、プレゼンテーション、調査書、活動報告書、大学入学希望理由書や学修計画書、資格・検定試験などの成績、各種大会等での活動や顕彰の記録、その他受検者のこれまでの努力を証明する資料などを活用する」**と書かれています。つまり、これが合否を定めるのです。

　さらに答申では「『人が人を選ぶ』個別選抜」の確立を謳っています。これからの入試は１点刻みでの選抜ではなく、一定の成績の膨大な人数から、より「思考力・判断力・表現力」をアクティブ・ラーニングで鍛えてきた人が選ばれるようになるのです。

　もちろん、大学入試が変われば、同じように高校入試も激変します。

（西川純）

STEP 3 即戦力を育てる授業とは どんな授業であるべきか？

＼ 大人になるための学びとは？ ／

　今まで子どもを大人にしていたのは学校ではなく、社会であり、具体的には企業でした。

　教師であれば採用されて1週間も経てば学校で学んだことは使えないことに気づきます。なぜなら、教材であっても、指導法であってもそれが有効であるか否かは、相手によって変わるからです。つまり、実際に教壇に立ち、子どもを目の前にして、その子たちに合った教材や指導法を考えなければなりません。

　しかし、大学の教職課程では、そんなことは教えてくれません。教師として採用され、現場に配属されて、初めて教師になるための学びが始まったと思います。

　だから、子どもを大人にする教育はどんなものであるかを理解するには、教師の方ならば、採用されてからの自分を思い出せばよいのです。

　新規採用になったとたんに膨大な業務が与えられます。そのやり方を事細かく教える、小中高の教師のような役割の人は職場にはいません。クラスで起こるさまざまな問題は主体的に取り組まなければなりません。

　若い教師には取り組むための知識・技能はありません。しかし、その学校の子どもたちの実態を知り、どのような教材や指導法が適切かを知っている先輩教師がいます。その先輩から多くのものを得られるか否かは、どれだけ新人自身が先輩達に協働的であるかがポイントになりま

す。

　では、管理職である校長は何をしているのでしょうか？　若い教師の指導案の書き方の相談に乗るのは校長の仕事ではありません。校長は職員集団を同じ目標に向かうチームにするのが仕事です。そのために、明確な目標を与え、それを納得させ、評価しフィードバックする。それが仕事です。

　アクティブ・ラーニングでは、こうした、大人が担うべき役割を普段の授業の中で生徒自身がやるのです。

＼　アクティブ・ラーニングは部活のイメージ　／

　実は、現在の学校教育でもアクティブ・ラーニングを行っています。それは部活です。

　部活を現在の教科指導のように教師が手取り足取り教えなければならないとしたらどうなるでしょうか？　とても成立しないと思います。だから、部活の顧問は細かいところに介入せずに、顧問がいなくても部員が自分たちの頭で考え、自分たちを高められる集団につくり上げようとします。

　部活指導経験のある方だったら、その時に大事なのは何かご存知でしょう。顧問の一番重要な役割は、部員集団を同じ目標に向かうチームにすることです。そのために、明確な目標を与え、それを納得させ、評価し、フィードバックを与える。それが顧問の仕事です。

　つまり、部活数学、部活古典、部活地歴、部活算数…それがアクティブ・ラーニングの授業のイメージなのです。

(西川純)

STEP 4　アクティブ・ラーニングの授業イメージ

↓

＼　アクティブ・ラーニングの授業はこんな授業です　／

　アクティブ・ラーニングの授業はさまざまなものがあります。本書ではその一つの形として、『学び合い』の理論によるアクティブ・ラーニングをご紹介しましょう（『学び合い』についてはP.32参照）。

① **教師から課題を与え、「全員達成が目標」と伝える（5分以内）**

　生徒が能動的に動く時間を最大限確保するため、できるだけ教師の最初の説明は5分以内とします。生徒全員を能動的にするため、全員が助け合い、全員が課題を達成することを目標にします。そのため「わからないから教えて」と自分から助けを求めることを奨励します。

② **「さあ、どうぞ」と動くことを促し、生徒が動く（約40分）**

　「どんどん動いて課題を達成してね。さあ、どうぞ」と動くことを促します。最初は自分で課題を解いたり周囲の様子をうかがったりして、あまり動きはありません。しかし、そのうち生徒同士で聞き合おうとどんどん動き始めます。生徒が動く時間を最大限確保することが、アクティブ・ラーニングの成果をアップするカギになります。

③ **成果を振り返る（5分以内）**

　最後に全員が達成できたかを振り返らせます。学習内容のまとめはしません。全員達成できなければ、どうしたら次回できるかを考えるように教師は伝えて授業を終わります。企業の社長が社員の細かい仕事をいちいち確認するより、チームの業績をチェックして、チームに解決方法を考えさせるほうが業績が上がるのと同じです。

アクティブ・ラーニングの授業イメージ

1 教師が課題を伝える（5分以内）

・「全員が課題を達成するのが目標」と伝える。

・「わからないから教えて」と自分から動くことを奨励。

2 「さあ、どうぞ」と促し、生徒が動く（約40分）

・生徒は最初はまず自分が課題を解くため動かない。

・徐々にほかの子に教える生徒や、教わるために移動する生徒が出て、動き始め、グループが生まれていく（教師はグループを強制的につくったりしない）。

・やがて、グループ同士の交流が始まり、多くの生徒が課題を達成する。まだできない生徒をサポートするメンバーがどんどん増える。

3 成果を振り返る（5分以内）

・「全員達成」ができたかどうかを振り返る。学習内容のまとめはしない。あくまでも、「全員が課題を達成する」という目標に対してどうだったかを振り返らせる。

（西川純）

STEP 5 アクティブ・ラーニングの実際の授業を見てみよう！（前半の動き）

＼ アクティブ・ラーニングをやってみよう！ ／

　アクティブ・ラーニングの授業は実際にはどんなふうに始まって、どんなふうに終わるのでしょうか？　授業デザインは実践する教師や教科によってさまざまですが、アクティブ・ラーニングを取り入れた授業のイメージをもってもらえるように、その一例を紹介していきます。

＼ 授業準備で行うこと ／

　授業前に行う準備ですが、そんなに特別なものではありません。まず、黒板にその時間に行うべき課題を提示します。それから、時間の設定も行います。具体的に、生徒の活動が○○時○○分から○○分まで行われるという時間を示します（時間配分は前ページを参考にしてください）。アクティブ・ラーニングの授業では、生徒同士の関わり合いが授業の核となるので、その時間を事前に生徒に伝えるわけです。基本はこれだけとなりますが、授業の中で使用するワークシートなどがあれば事前に準備しておくと、すぐに活動が始められます。授業前に生徒たちには、この授業でどれだけの時間を使って、何の活動をするのかということを伝え、全員が授業の流れをわかっているようにします。

＼ 生徒の活動前に教師がすること ／

　準備を済ませ、いよいよ授業が始まります。教師は黒板に準備した課題や活動時間を確認します。その後で、生徒たちに学習の意義や英語を通して人間関係を深める重要性について語ります。この「語り」が大切です。なぜならこれまでの授業で、教師から学ぶという受動的な活動に慣れてきている生徒たちの考え方を変えていく必要があるからです。そして語りの締めくくりとして「この課題を全員が達成できること」を意識させます。「全員」を強調してください。全員が達成できることを求めることで、一人ひとりが「個人」と「集団」を意識します。集団を意識することで必然的に協同性が活動の中に生まれるのです。

　ここまでの時間は長くても5分以内にしてください。その後、生徒の活動が始まっていきます。

＼ "Let's get started !!" の合図で始めよう ／

　"Let's get started !!" の合図で生徒の活動が始まります。ここからのおよそ40分は生徒に学習を任せ、教師は生徒の支援に徹します。授業において教師は生徒の活動を俯瞰していくことが大切です。一人ひとりの生徒が課題を進められているか、または主体的で協同的な活動が展開されているかを見守っていくのです。

　ですから、生徒に背を向けて黒板に文字を書いていたり、一人の生徒につきっきりになって教えたりなどはしません。大事なことは生徒たちを信頼することです。心から信頼できるようになれば、必ず生徒たちは活動の中で素晴らしいパフォーマンスを発揮します。その過程には、Try & Errorがあるかもしれません。でもそれこそがアクティブ・ラーニングによる学習なのです。

（木花一則）

STEP 6 アクティブ・ラーニングの実際の授業を見てみよう！（後半の動き）

⬇

＼ 生徒の活動の様子は？ ／

　生徒の活動は多種多様です。仲間同士で机を合わせてグループで活動する生徒たちもいれば、ペアで学習する生徒、または一人で課題に取り組む生徒もいます。

　授業の序盤は、いつもの仲良しグループでの活動が多いと思います。しかし、さらに彼らを見守っていくとグループを超えた関わり合いが自然と生まれていきます。なぜなら、いつもの仲良しグループが必ずしも学習におけるベストパートナーであるわけではないからです。自分を含め、全員が課題を達成するために、生徒は次のステージにおのずと進んでいきます。さらには男女の垣根も超えていきます。これまでの学校生活であまり話している場面を見たこともないような二人が、共に学習しているという姿も見られるようになってくるのです。

＼ 学習をけん引する生徒たち ／

　課題に取り組んでから20分が経過すると、学力の高い生徒は課題が終わってしまいます。そこから集団をけん引し始めます。教師が全体に対して課題を終わらせた生徒の存在を伝えると、その生徒はいろいろな生徒から次々に声をかけられます。そして、サブティーチャーの役割を積極的に果たしていくようになります。「そうか、なるほど」という声があがると、他の生徒も集まってきます。サブティーチャー役の生徒は

みんなが自分の力を頼ってくれることに自己有用感を感じるようになるので、必死で仲間のために尽力します。

＼ 授業の後半は集団がまとまります ／

　授業の後半になると、課題を終わらせた生徒が次々に終わっていない生徒を支援し始めます。活動時間が残り10分を過ぎた頃から、飛躍的に課題達成のスピードが上がります。学級全体が活気に満ちてきて、集団が一体感を帯びてきます。まるで、集団が体育祭や文化祭に向かっているような雰囲気になります。時間内に全員が達成できたときには、ムードは最高潮に達します。

＼ 生徒の活動後に教師は何をするか？ ／

　生徒の活動終了時間は、授業終了の5分前に設定します。活動時間は厳しく制限します。時間になったら、どんなに課題終了まであと少しという状況でも時間を切って席に着かせます。

　全員が課題達成できていれば、全員を認め、ほめたたえます。全員が課題達成できなければ、なぜ終えられなかったのか生徒に考えさせます。

　課題を終えられなかった生徒がいた場合、その責任をその生徒に負わせるのではなく、集団に責任があるという話をします。そして、「次回は全員達成ができることを信じている」と伝えます。

　教師に信頼された集団は、力を取り戻し、さらに主体的に学習に取り組むようになっていきます。これがアクティブ・ラーニングです。

（木花一則）

STEP 7 アクティブ・ラーニングへの生徒の感想

　英語の授業で、実際にこのアクティブ・ラーニングの授業を行って、生徒たちがどんな感想を持ったか、中学校で取ったアンケートの結果を紹介しましょう。

　アクティブ・ラーニングの良さは、友達と自分の考えを共有できることです。意見を共有することによって、自分だけの考えにとらわれず、考えの幅が広がり、いろいろな考えができるからです。その他にも皆と協力し合うことによって、皆との絆が深まったり、皆で話し合いながら楽しく勉強できます。（中1・男子）

　実際に、僕は英語の課題に取り組んでいて、答えが本当に合っているか不安でした。なので、友達に理由を聞いてみると、よく内容を理解することができました。そして、自分が説明をしていると、どんどん考えも深まっていきました。学び合いは、友達の意見も聞くことができるし、自分の考えを発表することもできるので、コミュニケーション能力を大切にする英語では、特に大切だと思います。（中1・男子）

　そして何より大人になったときにアクティブ・ラーニングは役に立つと思います。今、こうしてアクティブ・ラーニングを取り入れた学習をすれば、どんな困難も乗り越えられると思いました。私は、人はアクティブ・ラーニングで心や体が育つんじゃないかなと思いました。（中1・女子）

友達と協力し、教え合うことで、コミュニケーションも深められ、お互いにわかり合えます。そして、グループで活動することで、楽しさやおもしろさが共感できます。個人で活動するよりも、みんなで勉強したほうが、やらない人が少なくなると思います。（中1・女子）

　良いところは、皆で楽しく、真面目に勉強をやるところです。1人で勉強していても、わからないところや知らないところがあり、解決できないときに、皆がいると優しく教えてくれたりするので、『学び合い』によるアクティブ・ラーニングは大事だと思います。このように楽しく教え合うのは、とても良い学習方法だと思います。（中1・男子）

　アクティブ・ラーニングをすると、友達と信頼関係が深まります。そして、友達と教え合うことのほうがわかりやすいです。まず僕は英語を理解している先生とあまり理解していない生徒とでは視点が違うと思います。わからない問題がある人にはその人から見た視点があって、その視点から見た謎があるのだと思います。見る視点が違う先生は、その謎が見えないこともあるかもしれません。そんなとき、1番視点が近いのは友達だと思います。（中1・男子）

　良いところは、皆で教え合えるところと楽しくできるところです。一人でやっていてもわからないところがあるので、周りの人に聞いてわかるので良いと思います。他にもみんなで考えて楽しかったりもするので、本当にこの学習方法は良いと思います。（中1・女子）

STEP 8 アクティブ・ラーニングで生徒の成績が上がった！

　アクティブ・ラーニングによって、生徒の成績がどう上がったのか、人間関係がどのように変わったのかについて、教員の方たちにアンケートをとった結果もご紹介しましょう。

　英語でアクティブ・ラーニングを実践中です。3年間継続した結果、高校入試の平均点は79点を突破しました。見事に結果を残すことができました。入試を終えた生徒たちは、口々に「全員で入試問題を分析して授業に臨むことができたから、それが結果につながっただけ」と話していました。
　3年間の積み重ねにより、生徒たちは、自分たちで学習方法を探り、そして課題を乗り越えていく能力を身につけました。なんといっても、一人も見捨てない集団に成長し、そして、生き生きと、そして厳しさをもって授業に臨む生徒たちに感動をもらう日々です。(40代・女性教諭)

　この1〜2年、私は各地の小・中学校に行って初対面の生徒に対してアクティブ・ラーニングの授業を行っています。実施する際には、生徒の変化をより理解していただくために2時間授業をさせていただくことが多いです。
　2時間の授業で生徒の成績が上がるわけではありませんが、たった2時間でも生徒が主体的に学習する姿が見え始めます。たとえば1時間目の休み時間が終わってから2時間目の授業が始まるまでの休み時間に、多くの生徒が自主的に学習をしている姿が見られます。また学級内の人間関係の変化としては、特に2時間目の授業の最中には担任の先生も驚くほど生徒同士が自ら

積極的に関わり合います。一つの目標を達成するために協力し始めるのです。

　この２点に関しましては、それを見ているほとんどの先生が驚きます。学級づくりをしながら学習意欲を刺激し、学力の向上につなげることができるアクティブ・ラーニングだからこそ見られる姿だと思っています。（30代・男性教諭）

　アクティブ・ラーニングを行うことで、男女で話し合ったり、固定化された人間関係を改善することができました。授業は学校生活の多くの時間を占めます。授業こそ、集団を変える力をもっているのです。定期テストでは、50点以下の生徒がいなくなりました。上位の生徒がサブティーチャーとして下位の生徒をサポートしてくれるので、学習をあきらめる生徒がいなくなったからです。上位の生徒は自分の学習ができないかというとそうではありません。上位の生徒を含めた集団全体の家庭学習時間が伸びるので、上位、中位の生徒の成績も伸びていきます。（40代・男性教諭）

　『学び合い』によるアクティブ・ラーニングでは、自分たちで説明し合うことで理解を促進させています。成績が下位〜中位の生徒が、教えてもらうことで学ぶことができます。また、中位〜上位の生徒たちも時間を持て余してしまうことなく、説明しながら学習を進めることができるため、下位〜中位の生徒の成績が上がり、全体的な成績も上がりました。

　『学び合い』によるアクティブ・ラーニングだと、自分たちでグループを決めます。わからないところがあったら、近くの人に質問することが多いです。そのため、生徒たちの関わりも増え、普段関わらない子がいるグループとも関わることができます。したがって、クラスの人間関係が深まるとともに、広がりが見られるようになりました。（20代・男性教諭）

COLUMN 実践事例

アクティブ・ラーニングで全員が成長する

私のやっているアクティブ・ラーニング（授業の様子）

　私がアクティブ・ラーニングに取り組み始めたのは1年程前からです。

　試行錯誤を繰り返しながら、段々授業のスタイルが固まってきました。生徒の成長が強く感じられるため、アクティブ・ラーニングの授業を続けています。

　私の授業では、事前に課題と期限を提示し、答えは教卓の上に置き、ICレコーダー（CDラジカセ）を準備しておきます。マグネットネーム等を使って、誰が課題達成しているかを可視化します。初めは、「答えを見ても構わないし、ICレコーダーの音源をもとに音読練習してもOKだよ。だけど、全員が本当にできるようになってください。全員達成を本気でやります」と語ります。授業の始めの語りでは、教師が持つ「クラスが、生徒がこうなったら素敵だな」という希望や願いを伝えています。

　「Let's start！（さぁ、どうぞ）」と言うと、初めは仲の良いグループ中心で集まります。次第に、子どもたちは疑問や質問によって場所を移動したり、答えを確認するために移動したりと目まぐるしく動きます。アクティブ・ラーニングをすることで、クラスの良いところ悪いところすべてが現われます。一斉授業では見えなかった部分も見えてくるので、「これはダメじゃないか」と一瞬思いますが、「これが今の君たちの姿だよ。それでも、全員でできるようになってほしいし、なることができると思っている。君たちならできるよ！」と自分にも生徒にも語ります。

　中盤は、「本当にそれでいいのかな？」や「困って固まっているよー、手助けしてほしいなぁ」とつぶやきます。教師は、生徒の可視化と鼓舞することと勇気づけることをやり続けます。

授業の最後は、課題の期限を厳守し、全員達成がどうだったかを語ります。授業の最後の語りでは、その授業で全員達成に対する生徒の態度や行動に触れるようにしています。

個ではなく全体に目を向けるアクティブ・ラーニング

　アクティブ・ラーニングをやり始めると、ふざけていたり、談笑していたりと、ネガティブな面が見えてきます。一方で、その教室には真摯に課題に取り組んでいる生徒もたくさんいます。そのときは、直接生徒を注意せず、「全員ができるようになるために全員で行動しよう」と全員に語ります。

　生徒個人の問題ではなく、生徒集団の問題として解決を求めます。

読んでくださる皆さんへ

　『学び合い』によるアクティブ・ラーニングは、一斉授業と全く異なる授業スタイルで戸惑うと思います。しかし、教育の本質を求めている考え方です。また、全国で多くの先生が実践され、SNSなどでも情報交換をしています。学級目標に「一人も見捨てない」や「全員達成」という言葉があり、自由に立ち歩きOKの授業スタイルだったら、その先生は心強い同志となると思います。ぜひ、声をかけてみてください。

（進藤豪人）

『学び合い』による アクティブ・ラーニングの 「学校観」と「子ども観」

「認」 知的、倫理的、社会的能力、教養、知識、経験を含めた汎用的能力の育成を図る」アクティブ・ラーニングにはさまざまな方法があります。**その一つが本書で紹介する『学び合い』によるアクティブ・ラーニングです。第1章で紹介した授業の組み立て方は、典型的な『学び合い』の授業です**（詳しくは巻末の読書ガイド参照）。しかし、『学び合い』は方法というより、理論であり、考え方です。その考え方は「学校観」と「子ども観」という二つの考え方に集約されます。

この二つの考え方で『学び合い』のさまざまな方法が導かれます。

「多様な人と折り合いをつけて自らの課題を解決することを学ぶのが学校教育の目的である」、これが学校観です。非常にシンプルで簡単ですが、深い意味があります。この中の「多様」とは健常者ばかりではなく、障害者も含まれています。行動的に問題のある人も含まれています。また、「折り合い」を求めているのであって、「仲よし」になることを求めていません。社会に出れば当然、うまの合わない人もいるでしょう。それでいいのです。折り合いをつけられればよいのです。

また、「子どもたちは有能である」という子ども観に立っています。学校は子どもを大人にするところと考えるならば、大人として扱わなければなりません。手のかかる子どももいますが、子どもの数と同じぐらい、有能な子どももいます。その子どもと一緒にやれば、今よりは多くのことが実現できます。そして、子どもたちは大人に成長します。

『学び合い』はこのような学校観と子ども観を実際に体現し、「倫理的・社会的能力」を育てることができるアクティブ・ラーニングなのです。

(西川純)

CHAPTER 2

アクティブ・ラーニングが生徒と授業を変える!
実践&事例編

実践事例 1 ▶ 最初にアクティブ・ラーニング授業をするときには

\ いざ、アクティブ・ラーニング！ /

　ここでは、まずアクティブ・ラーニングの始め方について紹介しましょう。アクティブ・ラーニングは今までの授業の仕方とは全く違います。そのため、「どうして今日から授業のやり方を変えるのか」について、まずは生徒に説明する必要があります。

　その理由を端的に言えば、「生徒の将来を考えたときに、必要となる力を獲得させるため」ということです。このことを生徒にわかりやすく伝えましょう。私は福島県で教員をやっておりますので、震災の話に絡めて次のように語ったことがあります。

　「みんなが住んでいる福島県は、知っての通り未曾有の大震災の影響で原子力発電所が爆発し、大変な被害を受けました。たくさんの放射能が放出し、大人もどうしていいのか、その答えが見つからず、今でも試行錯誤しながら必死になって福島の復興に全力で取り組んでいます。このように大人も答えが見つからない問題というのは、今回の原子力発電所の問題だけではなく、戦争の問題や地球温暖化の問題や環境問題などたくさんあります。これからみんなはそういう問題を解決していかなければなりません。しかし、このような難しい問題は一人で解決することはできません。だからこれからは、今まで以上にみんなで協力して知恵を出し合って、答えのない問題に取り組んでいく力が必要になってくるのです。そしてその練習をこの教室でやるのです」

なぜこういった方法で学ぶのか？

アクティブ・ラーニングの授業では最初の5分が肝心です。最初の5分の中で「なぜこういった方法で学ぶのか」について説明をします。これを「語り」といいます。その他に「課題と評価」についても説明します。これらのことを生徒が集中して聞ける5分間で話すのです。

■アクティブ・ラーニング授業の展開

5分	教師による「語り」と「課題と評価の提示」
40分	学習
5分	教師による活動の評価

この部分がうまく生徒に伝わらないと、先生はどうして教えてくれないのかという不信感につながります。この段階では生徒は「急に先生は何を言っているのだろう」と思うかもしれません。それでいいのです。この説明は授業の最初に言い方や具体例を変えながら、何度も説明することになります。大切なのは、しっかりと生徒に教師の思いと覚悟を伝えることです。先ほどの震災の話もその一例です。少なくとも、学級の2割の生徒は教師の意図を理解し、行動に移すでしょう。

「語り」は人それぞれですが、話すべき内容は同じです。それは「学校は多様な人と折り合いを付けながら、課題を解決していく場所である」ということです。自分が話しやすいことに絡めて語りましょう。なお、上越教育大学の西川研究室のHPには豊富な「語り」の例があります。こちらも参考になります。それでは残りの「課題と評価」について、次のページで見ていきましょう。

（伊藤大輔）

実践事例

2 課題と評価はどうすべきか

＼ まずは課題から考えよう！ ／

　授業の最初の5分で行うことは「語り」と「課題と評価の提示」であることを先ほど説明しました。ここでは残された「課題と評価」について説明したいと思います。アクティブ・ラーニングは課題解決型の学習です。そのため、まずは課題を考えるところから始めましょう。

　実際の授業では右ページ下のような課題を生徒に提示することになります。ここでは例としてこの課題をつくるときの具体的な考え方をご紹介しましょう。

　中学校英語で課題を考えるときに一番簡単に始められるのが、教科書に準拠したワークブックです。今回は、このワークブックの見開き2ページ分の問題を解くことを課題としましょう。アクティブ・ラーニングで一番大切にしているのは課題の全員達成です。そのことを必ず課題の中に入れなければなりません。そうするとこの場合は、まず、「ワークブックp.21～p.22の問題を全員が本当に理解できる」という言葉にしてみます。

＼ 本当に理解できる？ ／

　上記の課題には「本当に理解できる」という言葉が入っています。本来、あいまいな言葉は好ましくないのですが、私はあえてこの言葉を使います。そして「本当に理解できる」ということの具体的な意味とし

て、「なぜ、その答えなのかを自分の言葉で説明できること」を求めるようにしています。全員がこの状態になることを目指すためには、他の子に教える生徒も、どうしてそのような答えになるかをしっかりと理解していないとできません。また本当に理解できていることは、似たような問題もできるということでもあります。この状態を全員に求めることで「学び」の質が変わってくるのです。

「評価の基準」を入れよう！

　課題には必ず「どういった状態になるとその課題の達成となるのか」という「評価の基準」を入れます。たとえば今回の課題の中に、三単現のＳをつけるかつけないかを選ぶ問題があったとしましょう。たとえば、これが問3だとします。そして、どのような場合、Ｓをつけるのかつけないかについて、聞いている人が理解できるように3人に説明し、OKであればサインをもらう。説明を聞いた人は理解できたらサインをするというようにします。このように他者評価を加えることで、生徒自身が本時の課題を達成できているのかどうか認識することができます。

　なお、課題の難易度や量に関しては英語の得意な生徒が15分で解ける量を目安としてください。

　さて、これで評価基準を含んだ本時の課題の完成です！

> ワークブックp.21 ～ p.22の問題を全員が本当に理解できる。問3に関してはどのような場合、Ｓをつけるのかつけないかについて、聞いている人が理解できるように3人に説明し、OKであればサインをもらおう。説明を聞いた人は理解できたらサインをしよう。

（伊藤大輔）

実践事例

3 教師の役割とは？

\ 教師の役割は、目標設定、評価、環境整備 /

　アクティブ・ラーニングでは、生徒同士のかかわりをできるだけ活発にするために、教師の生徒への直接教授を最小限にとどめます。そのため「教授すること」は教師の役割に含めません。アクティブ・ラーニングでの教師の役割は、目標設定、評価、環境整備の三つです。ここでは環境整備について話したいと思います。

\ 環境整備とは？ /

　アクティブ・ラーニングでは、生徒は課題の達成に向かって自主的に学習を進めていきます。教師は直接の教授は最小限にとどめる一方で、生徒が学習する上で必要となるものはできる限り準備する必要があります。生徒の学習が円滑に進められるように物的な環境を整えるのが、一つ目の環境整備です。机やイスだけではなく、参考書や辞書、さらには教師用指導書も教室に置いておきます。ラジカセやiPadなどもできるだけ置くようにしましょう。これらの物は絶対に使わなければならないわけではありません。生徒が使いたいと思ったときに使える状況にしておくことが教師の役割です。

可視化で環境を整える

　その他に生徒の学習が円滑に進められるような教師の行動を、二つ目の環境整備としましょう。この種の環境整備に当てはまるのが、可視化です。「教室の今の状況を見える化する」ことを可視化といいます。

　まずは黒板を使った可視化です。授業開始時に黒板に生徒全員分のネームプレートを貼っておきます。そして課題が終わった生徒はそのネームプレートを「課題が終わった人」と線で囲まれた場所に動かします。こうすることで、どの生徒が終わっていて、どの生徒が終わっていないかが一目瞭然となります。これは生徒同士が教え合う時の大きな助けとなります。

　もう一つの可視化は、教師の声による可視化です。たとえば、教科書にとらわれない素晴らしい内容の英文を書いている生徒を教師が確認した場合、さりげなく「なるほど〜、この文すごくいいよなー」などと大きめの声で言います。ほどなく、まわりの生徒はどんな文なのか気になって見に行くことでしょう。その中には自分ですでに書いていた文の他に、もっと他の言い方はないか考え始める生徒もいるはずです。

　逆に生徒の答えが間違っている場合も、その生徒の近くで全体に向かって「おや、この答えは…。う〜ん」と大きめの声でつぶやきましょう。教師が直接教えなくても周りの生徒が教えてくれるはずです。特にアクティブ・ラーニングを始めてしばらくは、積極的に人に教えている生徒や積極的に助けを求めるような生徒のことなど、行動面でも教師がよいと思ったことはどんどん可視化していきましょう。

　ただし、これらの可視化は最終的にはそのようなことをしなくても生徒が動くことを理想とします。そこに至る過程での教師の役割として捉えましょう。

（伊藤大輔）

実践事例 4

「一人も見捨てない」を生徒に強く求める

\ アクティブ・ラーニングではクラスの素が出る /

　アクティブ・ラーニングを始めた当初は、さまざまな問題が出てくることがあります。たとえば以下の問題です。

　①自分の課題が終わると、何もせず、ぼーっとしている。
　②宿題や家庭学習(予習、自主学習を含む)をやってこない。
　③仲のよい友達といつも同じグループで活動する。
　④わからないのに人に聞けず、わかったふりをしている。
　⑤答えを丸写しする。

　しかし、これらの問題は仮に一斉授業の形態で授業を行っていても起こる問題です。アクティブ・ラーニングでは学習の方法を生徒に任せる分、そういった問題が見えやすくなります。つまり、クラスの素が出るのです。
　先生によっては、やってはいけないことを規則や約束事で禁止します。しかしそのようなことをしても教師の前ではやらなくなるだけで、教師の見えないところでやるようでは本質的な問題の解決にはなりません。それではどのように対応すればよいでしょうか。

全員がわかることを本気で目指す

　これらの問題はすべて、教師が本気で「一人も見捨てない」ことを生徒に求めることで解決します。つまりその日の課題について全員がわかることを本気で目指すのです。左のページの①〜⑤の問題も以下のようにクラス全員が思えるように生徒に伝えるのです。

　①早く終わった生徒が教えないと、できない子が終わらず全員達成できない。
　②全員達成するためにはどうすればいいかを考えると宿題はもちろんのこと、家庭学習もやる必要性が出てくる。
　③全員達成を目指すには仲良しよりも効率よく学習できるパートナーがいるはず。
　④⑤どちらも見せかけの全員達成にはなるが、そういった行動をとる生徒はその日の課題を理解できてはおらず、結果的にまわりの生徒は仲間を見捨てていることになってしまう。

　これらのことをその生徒に直接伝えたのでは、教師の見えないところで同じことをしてしまうかもしれません。しかしクラスという集団を変えればそのようなことにはなりません。なぜなら生徒は、教師の目は盗めても仲間に嘘をつくようなことはしないからです。
　どうして全員達成しなければならないのかを授業の始めに真剣に語ること。そして声による可視化により、クラスの状況を全体に伝えること。これらの教師の役割をしっかりと果たすことが、結局は問題の解決につながるのです。

（伊藤大輔）

実践事例

5 最後の5分で何を語るか

＼「もう少しで課題の全員達成だ」というとき ／

> 授業の最初に伝えた活動終了時間になりそうです。でもあと1人、課題が終わっていません。あと3分待てばその生徒もできそうです。あなたならどうしますか？

　こんな場面が必ず出てくることでしょう。このようなときに時間を延ばしてあげたい気持ちは大変よくわかります。しかし時間を延長することはやめましょう。時間を延長すると、生徒は「時間内にできない場合は、先生は時間を延ばしてくれるんだ」と思ってしまい、時間内の課題達成を目指す姿に甘さが出ます。ここは大切なところです。ぐっとこらえて最後の語りを始めましょう。

＼ 課題の全員達成をした場合 ／

　課題を全員が達成する日は多くはありません。だからこそ、そんな日はほめましょう。全員が課題を達成するということは、わからないときにわからないと素直に言えた生徒がいたのかもしれません。もしくは、いつもの仲良しグループではないグループづくりがあったのかもしれません。教師の授業の始めの語りに反応したのかもしれません。授業者はどうしてその時間の活動がうまくいったのかについて具体的に感じる部

分があるはずです。そういった授業者が感動した部分を正直に、そして具体的にほめてあげましょう。

＼ 全員達成できなかった場合 ／

　全員達成できなかった場合でも、まずはその日の生徒たちの良かった点をほめてあげてください。その後、１時間を通して見えてきた課題について話し、次回の改善を生徒に求めます。

　全員達成ができない場合、二つ理由が考えられます。一つは、教師の設定した課題が難しすぎた場合です。もう一つは、生徒が全員の課題達成に向けて本気で動けていなかった場合です。

　課題に関しては、授業者は、英語の得意な生徒が15分で終えることができるような課題になっていたかについて振り返りましょう。課題を事前に渡しておいたり、単元を通した課題設定をしたりする方法があることも覚えておきましょう。

　生徒の動きに関しては、生徒に、今回どうしてできなかったかを真剣に考えさせます。もっとできたことがあったのではないか、工夫できることはなかったかを問います。そうすることで、英語の得意な生徒の動きが早くなったり、中には予習を始めたりする生徒が出始めます。そもそも全体の雰囲気が悪いときには、授業の最初の語りに対応させて、全員達成の意義をもう一度説明する必要があるときもあるでしょう。

　テストの結果が良くなかったときも同じです。テストについても「全員80点以上とる」というような集団への課題を課しますので、個人の点数ではなく、どうして課題の全員達成ができなかったかを語りましょう。

（伊藤大輔）

STEP 6 知識を定着させるための授業実践

＼ 中学１年生のこの時期だからこそ！ ／

　それでは、アクティブ・ラーニングの授業の流れがわかったところで、実際どのような課題で授業を展開していくとよいのか、いくつかの実践事例を紹介しましょう。

　英語という教科に興味関心をもち、わくわくしながら授業に臨んだ４月。それから半年も経つと、たくさんの文法事項に混乱し始める生徒たちも出てきます。

　多くの英語の教科書ではこの後、現在進行形や過去形が出てきます。その前に、これまでの文法の定着を図り、さらに、生徒一人ひとりのつまずきを教師が的確に把握することができる課題を設定した授業の実践事例を紹介します。

＼ 間違いから正解を導く課題づくり ／

　　学習の流れ
* 題材名　文法の復習（Lesson 1 〜 Lesson 7）
* 本時の位置づけ
　　文法事項（be動詞、一般動詞、代名詞、疑問詞、助動詞can）の学習が終了の段階
* 目標（課題）
　　①〜⑳までの英文をすべて正しく書き直すことができる。書き終え

たら解答を見て採点をし、訂正箇所があれば赤でしっかりと直す。直し終えたら、②⑧⑮⑱について、**なぜ、そのように書き直したのか**を2人に自分の言葉で説明し、わかってもらえたらサインをもらう。ただし、正確に伝えること。なんとなくではNG。

＊展開

　(1)導入　5分　(2)展開　40分　(3)まとめ　5分

ワークシート

文法の復習（Lesson 1 ～ Lesson7）

① My father watchs TV everyday.
② **Does your sister play piano ?**
③ He am my father.
④ How many do you have books ?
⑤ Do you live in USA ? Yes, I am.
⑥ Whoes pen is this ? It's Ken.
⑦ I can play the guiter.
⑧ **When does Bob and Ken practice judo ?**
⑨ How much is these books ?
⑩ My birthday is August nineth.
⑪ I get usually up six.
⑫ They is my friends.
⑬ Alice follow the rabbit.
⑭ Can Ken plays tennis ? Yes, Ken can.
⑮ **This is my father. I like he.**
⑯ What time does you go to bed ?
⑰ Let's plays rugby.
⑱ **I don't have some dogs.**

> ⑲ Where do you practice kendo ? I practice it on Saturdays.
> ⑳ This is Masato. She is new my friend.
>
> (サイン)　　　(サイン)
>
> ＊模範解答はあらかじめ教卓に準備しておきます。
> 　特に注意を促したい箇所には、注意書きをしておきます。

＼ ワークシートの作成にあたって ／

　定期テストや普段の小テストの採点を通して、生徒の誤答を累積しておきます。生徒の誤答の多くは、指導の甘い部分とつながってきます。そして、それは教師側の指導の反省材料となります。

　学力向上のために、定着していない部分を集中して指導する時間を確保しますが、効率よく、かつ、どの生徒にも達成感をもたせるためには、私は自作のワークシートを活用しています。また、そのワークシートには、これまで出てきた生徒の誤答を登場させています。

　配付されたワークシートを見た生徒たちからは、「あっ、これ、この前私が間違ったものだ」「見たことあるなあ」「どこが間違ってるの」などと声が上がります。

＼ 何を語るといいのか ／

　「語り」の部分では、これまでの学習を生徒自身に振り返らせる内容だということを話しました。そして、全員が本時の課題をクリアすることによって、今まで学習した内容がしっかりと身につくことを伝えました。このことを熱く語ることで、生徒たちの動きが活発かつ質の高いものになりました。

グループで課題に向かう生徒たち

　この課題では、最初からグループになって話し合いを始める生徒たちが多く見受けられました。特に、文法に大きな不安を抱えている生徒は、早々に上位の生徒のもとに移動し、なぜ間違いなのか、納得するまで聞き返す様子が見られました。説明を聞きながら課題を解くことによって、理解度が増し、不安の解消につながってきます。

　教師は生徒の動きを見ながら、「わからないことをそのままにしない姿は素晴らしい」と声かけを行います。また、「教えている人たちは確実に力がついているね」と教える側も認めてあげる声かけを継続します。15分後、課題の採点も説明も終わった生徒は、次々と教室を動き回ります。「教えて」「説明を聞いてちょうだい」という声に反応しているのです。

　残り5分の段階で、「さあ、あと終わっていない人は何人かな」と教師が声をかけると、黒板の名前のネームプレートを見ながら、生徒たちは動きます。

　時間前に全員が課題をクリアした場合、時間ギリギリまで課題に向かうように声をかけます。「本当に大丈夫かな」「テストでまたミスをしないようにしよう」と。生徒たちはもう一度ワークシートを見直し、なぜそうなるのか、と説明を始めたり、正しい英文を読んだりしながら確認をします。

最後の5分で学力にも触れる

　最後の5分、教師が語る時間では、学力にも触れます。「このクラスから50点以下は絶対出したくないです。全員が100点を目指せる力を持っていると信じて授業を進めます」と、常に「全員」ということを意識して話をします。教師の本気の発言に、生徒は自然についてくるようになります。そして、平均点も伸びていきます。

　「全員」「一人も見捨てずに」という言葉の力は偉大です。

（細山美栄子）

STEP 7 学んだことを応用する授業実践

　ここでは生徒がつまずきやすい関係代名詞をテーマにして行った授業事例を紹介しましよう。

＼ 学習の流れ ／

＊題材名　　関係代名詞をマスターしよう

＊本時の位置づけ（4時間扱い）
　Lesson 5　Get Part 1　関係代名詞主格　　that
　　　　　　Get Part 2　関係代名詞主格　　who which
　　　　　　Get Part 3　関係代名詞目的格　that which
　関係代名詞のまとめ　〈本時〉

＊目標（課題）
　全員がワークシートの問題を解き、正確に覚える。
　すべての解答と訂正が終わったら、問3の説明を自分の言葉で
　友達2人に説明し、サインをもらう。

＊展開（50分授業）
　①導入　　　5分
　②展開　　　40分
　③まとめ　　5分

ワークシート

関係代名詞をマスターしよう

問1　次の2文を関係代名詞を使って1文に書き換えよう。

① Paul lives in a house. It has a large garden.
② An uchiwa is something. It makes us cool.
③ These are cookies. They were made in England.
④ Amy is a girl. She runs the fastest in her class.
⑤ London is a city. It has many beautiful parks.
⑥ Mr Kato is a doctor. He is loved by everyone.

問2　関係代名詞を使って英文を書こう。

① 由紀はテニスが上手な少女です。
② 健にはサッカーが好きな弟がいます。
③ 私にはスペイン語を話すことができる友達がいます。
④ これは仙台行きのバスです。
⑤ 私は青い目の猫を飼っています。
⑥ これは日本製の車です。
⑦ 私は空を飛べる自転車がほしい。
⑧ 翔太は私のものよりも大きい自転車をもっています。
⑨ 健は短い足の犬を飼っています。
⑩ 私は公園を走っていた少年と2匹の犬を見ました。

問3　次の（　）にwhoかwhichのどちらかを書こう。そして、説明をしよう。ただし、どちらもあてはまらない場合があるので、その場合は適切なものを書こう。

① I have a friend (　　　) likes soccer.
② That is the bus (　　　) goes to Nara.

③ Kyoto is a city (　　　) has a long history.
④ These are the pictures (　　　) were taken by my mother.
⑤ I saw a girl and an elephant (　　　) were walking on the street.

問4　日本語にしよう。
① The man who is talking with Emma is Ken's father.
② The letter which was written by Mary made me happy.
③ The woman who helped us is Yumiko.

※模範解答は教卓に準備をして、いつでもだれでも見ることができるように準備します。
※名前の書かれたネームプレートを用意しておきます。

生徒の動きを決める最初の「語り」

　このときの課題は、文法のまとめです。これまでの授業を振り返り、授業内容の定着の様子、教え合う・聞き合う生徒の動きなどを大まかに話しました。

　「これまでの3時間、みなさんは関係代名詞について一つひとつ学習してきました。わからないところは、わかる人の力を借りて解決してきたはずです。まだ、本当に自分がわかったかどうか、不安な人もいるはずです。

　そのために、今日は、今まで学習してきた文法のまとめを全員で確認し合う時間です。みなさんに配付したワークシートには40分間で全員がすべてを完璧に理解してほしいという願いが込められています。

　特に問3については、自分の言葉で説明できる、という高いレベルです。しかし、みなさんならできます。一問一答では、単なる丸暗記状態で、本当に身についたとは言いがたいのです。しっかりと自分の言葉で

仲間に説明できるようになって初めて、関係代名詞を理解できた、と言えます。一人も見捨てず、全員で今日の課題を解決することを期待しています。周りに目を配りながら進めていきましょう。さあ、どうぞ」

＼ 黙々　→　ざわざわ　→　わかった！ ／

　最初、生徒の多くは一人で課題に向かいました。そして、自分でできるところから問題を解きます。じっくりと一人で取り組む時間のときは、教師はあまり声を出さず、英語を苦手としている生徒の動きに注目して見守ります。

　5～6分すると生徒たちに動きが出てきます。前後または左右で聞き合う様子が見られるようになります。そこで、教師は「ここ、どうなるの？」と聞く生徒の言葉をほめます。「わからないときは、自分だけで悩まず、誰かに教えてもらうことって本当に大切なことだね」「わからない、って言えることは大事だね」など、どの生徒にも聞こえるような声の大きさで言います。そのことを聞いた数名の生徒は、「わからないから誰か教えて」と恥ずかしがらずに言います。そして、立ち歩きが始まります。

　約15分が経過すると、上位の生徒は教卓に来て自己採点を始めます。その瞬間、「早いね」と教師が終わった生徒がいることを全体に知らせるように声をかけます。

　解答が終わった生徒は、問3の説明をするために、他の生徒たちに声をかけます。最初の生徒は、教師に説明をします。そして、合格をもらうと、黒板の横にかかっている自分の名前のネームプレートを合格の位置に移動します。

　ネームプレートは、視覚的に誰が合格したかを見ることができ、アクティブ・ラーニングでは大いに活躍します。

　この後、合格した生徒は教室を見渡しながら、動きます。わからない様子の生徒のそばに行くこともあります。また、説明を聞く立場として

対応する生徒もいます。そのときの教師の声かけは、「しっかりと説明を聞いてくれて偉いなあ」「教室全体を見渡しながら動いている人はさすがだなあ」と大きな声でほめます。

　課題に取り組んで30分くらい経過すると、半分以上の生徒たちが課題をクリアし、教える立場になってきます。「あと10分で全員が達成できるかな。時間を意識していこう」という教師の声かけで一気に生徒たちの動きは活発になってきます。ただし、単に答えを教える生徒はいません。ヒントを与えたり、教科書を開いて「ここに書いてあるよ」と教えたりします。時には教師以上に厳しく教えることもありますが、教えるほうも教えられるほうも真剣な様子を、教師はほめて進めていきます。

　最後の5分。課題がクリアできていない生徒は2～3人になります。その生徒にたくさんの生徒がまとわりつくのではなく、それぞれの立場で動きます。

　教える生徒、自分たちでプリントの問題を出し合う生徒、プリントの英文を音読し合う生徒など、予想できない生徒の動きに教師が驚かされる瞬間です。

　最後の一人が「できた！」と笑顔になった瞬間、周りから自然に拍手がおこり、「やった！」とあちらこちらから聞こえてきます。

　全員達成です。全員が達成できたことを自分のことのように喜ぶ生徒たち。教えた生徒も教えてもらった生徒も達成感をもって着席をしました。

＼ まとめの時間に振り返りをしてもらう ／

　全員達成できたときは、達成できた秘訣を生徒から引き出します。「時間を意識しながら取り組んだからだと思います」「家で復習してくる人が多かったから全員達成ができたと思います」「わからない人たちがわかる人に聞きに行くことができたからだと思います」などの声が上がっ

てきます。

　そこで、「家庭学習」に気づいた生徒の言葉に焦点をあてます。「そう、授業だけでなく、家で勉強することが本当の学びだよね。そういう生徒が増えれば、授業の質も上がってくるよね。もっとレベルの高い課題もできるようになるよね」

　生徒たちに気づかせたいことは、先を見て自分で勉強して授業に臨むこと、そして、授業では教える立場になって、または、仲間と話し合うことで、自分自身の理解を深め、確実なものにしていくことなのです。

アクティブ・ラーニングでは確実に学力向上する

　アクティブ・ラーニングでは、クラスの成績は確実に向上します。理由は簡単です。100点満点のテストを実施した場合、50点以下の生徒がほとんどいなくなるからです。毎回の授業で、自由にわからないことを聞き合えるためわからないことが解決できます。それを繰り返すことで、どの生徒も授業に集中します。毎回の課題から外れた行動をとる生徒がいなくなります。全員達成が目標であるため全員が集中するのです。

　どんな生徒でも勉強がわかるようになりたいと願っています。誰かに声をかけてもらいたいと願っています。アクティブ・ラーニングはそれが実現できます。

（細山美栄子）

STEP 8 ▸▸▸ 生徒の自主性を育てる教師の支援の実践事例

\ アクティブ・ラーニングに出会って /

　私がアクティブ・ラーニングの考え方に基づく実践を初めて3年が経とうとしています。それまでは学級活動や生徒会活動、部活動などは生徒の自主性を重要視するのに、授業となると教師が教え、生徒は教えてもらうという二面性に以前から違和感をもっていました。

　しかし、そう思いつつも、アクティブ・ラーニングに出会う以前は、毎時間指導案をつくり、指導案通りに進むように授業を構成していました。生徒のアドリブなど求めず、時間通りに授業が進むことやこちらが意図した生徒の反応を求めました。

　アクティブ・ラーニングに出会ってからは、授業でも生徒の自主的な活動を支援できるので、授業にさらなる価値を見いだせるようになりました。それは生徒も同じ気持ちだと思います。舞台で言えば、脚本はありません。生徒はすべてアドリブです。でも、だからこそ感動がありました。授業の中で、自分が想像しない感動があるなんて考えたこともありませんでした。

\ 私のやっているアクティブ・ラーニング「語り」編 /

　授業の始まりに授業者が「語ること」に大きな意味があります。生徒にやる気をもたせていくには、「なぜ学習していく必要があるのか」について言及していく必要があります。たとえば、部活動において強い

チームをつくっていきたいと考えるなら、指導者は練習の始めに厳しい練習の意義について語っているはずです。それと同じだと思います。

しかし、「語り」は学習の必要性に訴えるだけでは不十分です。なぜなら、教育活動のすべてが生徒の「人格の完成」のために存在しているからです。そのために授業の最初に語ることとしては、自分を大切にすること、そして他者と共に生きていく「共存」の気持ちをもつことを意識しています。

「時間は誰にでも平等に与えられているけれど、一人ひとりの持ち時間は違う。今というこの時間も確実に終わりに向けてタイマーは動き続けている。人生を豊かに生きるということは、自分の持ち時間が有限であることを意識して、時間を有意義に使うことだと私は考えています」

「当たり前の生活が送れるのは、家族や社会が君たち一人ひとりを守ってくれているからだということに気づくべきです。平和な社会をつくっていくためには、自分だけでなく、周りの人のことも大切にしていく必要があります。この時間も自分、そして周りのクラスメートのために何ができるかを真剣に考え、学習に臨んでください」

「英語が話せれば便利だと人は言います。でも英語を使う必要がある場面に遭遇しなければ、利便について語る意味さえありません。日本にいるから英語は必要ない。それもいいでしょう。しかし世界は広い。自分の可能性について、自分で壁をつくってしまうことはもったいないと私は思います」

毎時間、こんな話を生徒にして授業が始まると、生徒は真剣に学習に取り組んでいくようになります。

＼ 私のやっているアクティブ・ラーニング「授業支援」編 ／

さて、教師の最初の「語り」と「課題の提示」の後、"Let's get started !!" その合図で生徒の活動が始まります。生徒は席を立ち、自然にペアやグループができあがり、活発にコミュニケーションを取り始めます。男女

で話し合っていたり、休み時間では見ることのないグループができあがったりします。「全員が課題を達成する」という命題があることで、生徒の自主的な活動が促されるのです。

　授業の中で、授業者は生徒たちの活動を見守ります。個々の生徒を注意して見たり、ときには集団全体を俯瞰します。教室の中を歩いていると、生徒から質問を受けることがあります。たとえば、単語の発音や本文の訳し方を尋ねられたとします。そんなときには「発音なら辞書に載っているよ」「その訳なら先輩のこのノートが役に立つよ」など、生徒が自力で学習できる方法をアドバイスします。地道な支援を繰り返していくと、自然と授業者に頼らず、自分たちで学習に向き合う生徒たちになっていきます。

　授業を重ねていくうちに、生徒が学習するときにあったら便利なものがどんなものかがわかってきます。それらを少しずつ買い足していきました。学習環境の整備も授業者の大切な授業支援となります。

　それでもすぐに生徒の自主性が発揮されるわけではありません。授業においてルールを司るのは教師です。たいていの授業では厳格なルールが設定されています。「座席を移動しない」「私語をしない」「教師の指示されたことに従う」などです。ルールは生徒を縛ります。しかし、そのルールがあることで課題が達成できないことがわかると、自分たちで判断して行動することを優先しようと生徒は気づき始めます。

　中学校1年生のスタート時から授業でアクティブ・ラーニングを実践すると、数時間で生徒は自主性を発揮します。しかし、一斉授業からこのスタイルに変えようとしたときに、半年以上も生徒がルールに縛られているということがありました。それでもあきらめず、生徒の自主性を信じ、支援に徹することはたやすいことではありませんでした。しかし、支援に徹し続けると、生徒は主体的に活動するようになっていきました。

私のやっているアクティブ・ラーニング「人間関係」編

　家族の絆はとても深いように感じてしまいますが、家族も他人と他人です。しかし共同生活を送る過程で、家族の形がゆっくりと形成されていきます。学級も似たようなものだと思います。

　授業でも絆を感じることのできる瞬間があります。自分が問題を解けずに苦しいとき、クラスメートがそっと手を差しのべてくれたり、クラスメートから「ありがとう」と感謝されたりするときです。そんな微笑ましい光景を授業中によく見かけることがあります。自由なかかわりが許される空間では、そんな絆づくりが行われていきます。授業でお互いがつながるようになると、学級の雰囲気がまるで変わってきます。

不登校の生徒を支える学級集団

　2年生のある日、家庭内でのある出来事がきっかけでA君が学校に登校できなくなりました。生徒たちは大きく反応することはありませんでしたが、毎日「A君の給食はどうする？」「ノートどうしようか？」とA君のことを考えていました。部活動がない休日には、A君の家に数人で遊びに行きました。ときどきA君が来ると、クラスは何事もなかったように自然に接します。そんな生活を1年半以上続けました。

　アクティブ・ラーニングがすべてではありませんが、アクティブ・ラーニング授業が集団になんらかの影響を与えていたことも事実です。A君は英語の授業では、すんなりと活動に参加できました。一人ひとりが自由に学ぶことが許されているので、A君も自分のできることを見つけて、仲間と共に課題に向き合っていました。

＼ 学級の人間関係こそ、異文化理解のスタート地点 ／

　英語を学ぶ過程で、諸外国で暮らす人たちの考え方や生き方を、教科書などを通じて中学生は授業で学んでいきます。しかしながら、外国に目を向けなくても、実は他者と共同生活を送ることはすべて「異文化理解」なのだと生徒たちは理解するようになります。

　「同じクラスの人なら自分と考え方は一緒だ」と画一的なものの見方をするのではなく、違う考え方のクラスメートとの距離をどのように調整していくかを模索することこそが大切なのです。アクティブ・ラーニングは、生徒のものの見方を変える力があります。

＼ 私のやっているアクティブ・ラーニング「学習支援」編 ／

　英語圏では教員のことをteacherではなく、learning facilitatorと呼ぶ地域や国があります。これは教員の役割は「教える」ことよりも、授業の中で生徒の学習を「促進させる」ことだという考え方を示しています。諸外国の生徒たちは自主性があり、自分たちの主張を積極的に述べることに長けている印象を受けるのは、そういった教育に対する捉え方の違いからかもしれません。世界で勝負していくためには「言語力」も必要ではありますが、「コミュニケーション能力」や「自己表現能力」がそれ以上に求められているのが現実です。

　生徒たちの自主性を信じ、授業者は支援に徹する。それは理想ではあるけれども、現実的に生徒たちは間違えた知識を授業で学んでしまうのではないかと考える方は多いと思います。実際、授業の中で生徒たちの話している英単語の発音や英文のアクセント、イントネーション、文法など間違いはたくさんあります。

　授業で気づける範囲の修正はしますが、個々の生徒に「これが違うよ」と指摘するのではなく、クラス全体に伝わるように英単語を発音したり、スペルミスを見つけたら黒板にその英単語を書いておいたりしま

す。それでも、すべて支援できているとはとても思えません。

　そもそも言語におけるaccuracy（正確さ、的確さ）とはどの程度求められるものなのでしょうか。授業者が集団に教授したとしても知識の定着は100％を達成できるでしょうか。私は難しいと思います。極論かもしれませんが、そもそも言語は人とのコミュニケーションの手段に過ぎず、完璧を求めるべきものではないと思います。英語といっても、地域や国においてすべて異なるからです。

アクティブ・ラーニングで生徒の学力は保障できるのか？

　生徒たちや保護者は学力にシビアな考え方をもっています。その授業で成績が伸びないと感じれば、その授業を受け入れません。生徒の成績を検証してみると、英語が得意な生徒たちの学力は維持されていることがわかりました。英語の不得意な生徒も学力が伸びていました。しかし、数人は依然、英語が不得意です。それでも一つ違うのは、クラスメートはあきらめずにその生徒たちを支援し続けたという事実です。その支えがあり、私はこの授業を３年間続けることができました。

　このまま続けていけば、英語の不得意な生徒の学力もいずれ伸びていくと思っています。

（木花一則）

初任者でもできるアクティブ・ラーニング

アクティブ・ラーニングに出会って

　2015年の春先、大学院を修了し、初任者として今の中学校に配属となりました。その頃は、大学・大学院で学んできたことが、現場でほとんど役に立たないと感じ、現実に打ちひしがれていました。

　ある日、大学院で勉強していた妻に紹介されたのが、西川先生の『学び合い』の本でした。私はその考え方に激しく共感しました。すぐに、アクティブ・ラーニングを実践されている木花先生に直接頼み込み、見学させてもらったのが初めて見るアクティブ・ラーニングの授業でした。教師が何もせずとも、学び合う生徒に唖然としました。実際に授業をしてみるときは、「Let's start！（さぁ、どうぞ）」だけで本当にできるのか？と、不安でいっぱいでしたが、生徒たちだけで課題ができるようになる姿に感動しました。

私のやっているアクティブ・ラーニング（課題設定）

　昨年度は、初任者研修と共に週1回アクティブ・ラーニングを行っていました。ここでは、私が今年度行っているアクティブ・ラーニングの課題設定までの過程を紹介します。
　①各教科書の年間指導計画から目標（めあて）を設定
　②年4回分の定期テストの問題を大まかに作成
　③作成したテストをもとに単元ごとの課題を設定
　④生徒の様子から課題の難易度を調整（日々行う）
　①と②の作業は、年度初めに行い、③は長期休みのうちに次の学期分の

課題を作成しています。そして、②の定期テストの問題は、教科書の問題とワークの問題、指導書付属の単元テストをもとに、類似した問題を定期テストで行っています。③では「教科書○ページから○ページの問題とワーク○ページから○ページの問題ができる」のような課題を設定しています。

　単元の中の各レッスン毎に、文法の学習と本文の学習と２時間分設けています。文法の学習では上記のように課題設定し、本文の学習の課題は「友達の前で本文の暗唱ができ、３人からサインをもらうことができる」や「（教科書のQ&AやT&Fクエスチョンが書かれた）ワークシートができる」のような課題を設定します。複数の課題をまとめて提示することもあります。

　生徒の感想には、"その場でわからないところをすぐに聞くことができます。なので、次の課題にも集中して取り組むことができます"や"わからないところがあっても、友達になら簡単に聞ける。時間が余ったら、予習して次に備えられる"とありました。ゴールや課題が見えることの大切さは、生徒が一番わかっています。

アクティブ・ラーニング後の自分の変化

　私は心身の不調からある期間学校を休んでいました。今普通に勤務できているのは、学校の教職員や家族の支えもありますが、この『学び合い』によるアクティブ・ラーニングが大きな助けになっています。生徒の感想には、"このアクティブ・ラーニングでの良さは、一人で困ることなく、みんなで問題を解決できることと、「助け合い」の心をもち、人のために何かをできる、優しくなれることだと思いました"とありました。課題を提示し、生徒を信じ、本当にできるようになることを求める。そんな単純なことだけで、教師と生徒が幸せになれる助け舟となっています。

（進藤豪人）

アクティブ・ラーニングは
なんでもアリではない

「新たな未来を築くための大学教育の質的転換に向けて〜生涯学び続け、主体的に考える力を育成する大学へ〜（答申）」にアクティブ・ラーニングの定義があります。以下の通りです。

『教員による一方向的な講義形式の教育とは異なり、学修者の能動的な学修への参加を取り入れた教授・学習法の総称。学修者が能動的に学修することによって、認知的、倫理的、社会的能力、教養、知識、経験を含めた汎用的能力の育成を図る。発見学習、問題解決学習、体験学習、調査学習等が含まれるが、教室内でのグループ・ディスカッション、ディベート、グループ・ワーク等も有効なアクティブ・ラーニングの方法である。』

思いつく限りの方法を併記し、最後に「等」をつけます。そして、「総称」であると述べています。だから、方法は何でもアリです。しかし、方法は何でもアリですが、社会で生きられる大人を育てられなければアクティブ・ラーニングではありません。

アクティブ・ラーニングのポイントは「認知的、倫理的、社会的能力、教養、知識、経験を含めた汎用的能力の育成を図る。」の部分です。何気ないようですが、「認知的（つまり今まで教科学習で教えていた知識技能）」と並列で、「倫理的能力」、「社会的能力」を育成することを求めているのです。

社会で生きられる人は、「企画を生み出し、その人と一緒に仕事をしようとする人に恵まれる人」、「英語を通して、他の人の役に立てる人」なのです。具体の仕事と倫理的能力、社会的能力を融合している人です。それを学校教育の多くを占めている教科教育で育てるのです。

（西川純）

CHAPTER 3

やってみよう!
アクティブ・ラーニング
課題づくり編

STEP 1 単元目標を決めよう

＼ 指導書を分析しよう ／

　基本的に、授業は教科書を使いながら進めていきます。教科書をうまく使いこなすために、その説明書ともいえる指導書を読み込み、分析することが大切です。

　私は教員になったばかりの頃は、1時間1時間で授業が完結し、生徒たちは何のためにこの活動をしているのかがわからないということがありました。たとえるなら、小さなランタンで自分の足元を照らしながら、暗闇の中をゆっくり歩いている感じです。指導書も見ずに、自分の感覚を頼りに授業を進めていたことが原因でした。

　しかし、10年以上も教員をやっていると生徒たちに行先を示すことができるようになってきました。視野が広がると、生徒たちは大きな歩幅で意気揚々と自分たちで進んでいくことができます。

　私は指導書をよく読むようになりました。指導書には自分たちが進んでいく先にある、いくつかのゴールが示されています。また指導書には、そのゴールにどれくらいの時間で到達することができるのか、どのルートが最適なのか、その際の留意点は何なのかなど、目標に到達するためのヒントがたくさん書かれています。指導書に基づいて、授業を忠実に進めていけば、授業はスムーズに流れていきます。

月の予定表をつくろう

　部活動経営をしていると、大体どの部活でも顧問の先生は1ヶ月の予定表をつくり、生徒に配付すると思います。見通しがあるからこそ、日々の練習の意義に気づけるのです。授業もそうだと思います。

　大きなゴールを設定したら、その過程にいくつかのチェックポイント（テスト）を設け、日程どおりにゴールに到達するという計画を生徒に示すと、生徒も安心して学習活動に参加できます。先が読めると家庭学習も自ら率先して行う生徒が増えます。また教員も自分で1ヶ月の予定を立てることで、見通しをもって授業を進めることができるようになります。

目標を設定し、後は生徒に任せる

　英語の授業の難しさは「聞く」「読む」「書く」「話す」という4技能をバランスよく身につけさせていかなければならないことだと思います。指導計画で、これを実現していくのは至難の業です。

　アクティブラーニングでは、生徒の指導方法を細かく計画立てするということではなく、その時間に身につけてほしい課題を授業者は提示するだけです。後は生徒が授業の中で、課題の最適な練習方法を模索していくのです。任せてみると、仲間同士で話し合いながら、自分たちなりの練習をしていき、教師を驚かせます。ゴールが明確なら、生徒だけで前に進めます。

（木花一則）

STEP 2 評価基準と評価方法を決めよう

＼「関心・意欲・態度」の評価の仕方は？／

　教員は、どのような評価基準を定め、どのような方法で評価をし、通知表の数字が決定されているのかということについて、保護者や生徒にきちんと説明しなければならない責任があります。そのために、活動があるたびに評価基準や評価方法について説明を繰り返すことや、いつ質問されてもいいように評価した数値をデータとして蓄積しておく必要があります。

　学習評価の中でも特にあいまいなのが「関心・意欲・態度」です。どのような評価基準で、どのような方法を用いて評価をされているのかについて、事前に生徒に説明していない授業者は多いのではないかと思います。

　私は生徒に課題リストを配付し、時間内に終わった課題について、本人がチェックする項目と、クラスメートがチェックする項目を設け、その課題リストを保管し、評価資料にしています。

　また、ノートについても「関心・意欲・態度」の一つに加えています。そのために、私は極力黒板での説明をしません。教員の書いた説明を記したノートは生徒の作ったノートと呼べないと思うからです。自分で考えたオリジナルのノートを作ることを課題にし、そのノートを「関心・意欲・態度」の評価材料としています。

＼ 記録を蓄積しよう ／

　「音読テスト」や「対話テスト」「スピーチテスト」などは、どの中学校の英語科でも実施していることだと思います。そのデータは保存してあるでしょうか。これらのテストが評価基準の一つであった場合、ビデオなどで記録を残しておく必要があります。また、可能であれば、ビデオ記録について複数の評価者により評価がなされ、ALTや英語科全員が一人ひとりの生徒のテストを評価していくと、評価における信憑性が増します。

　同時に、記録を生徒にフィードバックしていくことによって、自分の発音やイントネーションについて改善できるチャンスが生まれます。また、音読やスピーチが上手な生徒のデータを他の生徒の参考に見せることも、とても勉強になります。記録を蓄積していくことは、説明責任を果たすだけでなく、いろいろなことに役立ちます。

＼ 評価とテストがリンクしていること ／

　評価材料で最も重要視されるのが、学期末に行われるテストだと思います。さまざまな評価基準や評価方法が設定してあったとしても、それ自体が学期末テストにつながるものになっていないと、生徒たちも学習に向き合うことが難しいと思います。シンプルなことですが、授業の課題を真剣に取り組み、生徒ができるようになることによって授業者からその取り組みが評価されること、また課題を取り組んだことによってテストの点数が上がったと生徒が実感できることが大切だと思います。

　英語の授業を3年間頑張ったことで、高校受験で点数がとれ、生徒の進路実現ができるということが理想だと思います。生徒の力を伸ばすためにも、できる限り高い評価基準を設定し、全員がそれに向かって努力できる集団をつくれることが望ましいでしょう。

　　　　　　　　　　　　　　　　　　　　　　　　　　　（木花一則）

STEP 3 毎回の課題をつくろう

＼ 定期テストを意識しましょう ／

　課題をつくるときは長期的な見通しを立てていきます。最初は、長期的な見通しのゴールを定期テストに設定します。定期テストではかりたい能力をあらかじめ決めておき、それをもとに課題をつくっていきます。

　たとえば、定期テストで既習の文法事項を使って、自己表現力の定着を見る問題を出題するとします。出題予定の問題は「あなたの行ってみたい国について英文5文～6文で書きなさい。ただし、1文の語数は5語以上とする」と仮定します。

　その問題を踏まえて、授業では「見たいテレビ番組」「歌ってみたい歌」「やってみたいスポーツ」について文の数や1文の語数を細かく指定して、英文を作るという課題をつくってみましょう。

　アクティブ・ラーニングでは、数個の課題を一気に提示し、「最低○つのテーマについて書くことができる」というような形にします。そうすることで、生徒の創作意欲に火がつきます。

＼ 教科書通りに進めてみましょう ／

　教科書通りに進める場合、今までと変わることは何もありません。ただ、授業の始めに、本時の課題を生徒にわかりやすく伝えるだけです。あとは「はい、どうぞ」と活動に移る指示を出すだけなのです。課題達

成のための手段や方法は生徒に任せます。

　課題の例として「一般動詞の過去形を使って、自分の日曜日の出来事を5つ英文で書くことができる」「本文の内容を教科書を見ながら日本語300字程度で要約することができる」「ワークp45〜48までをやり、解答まで終えることができる」など、より具体的に文章化し、黒板に書きます。

＼ キーワードは「15分」／

　課題をつくるときの目安となる時間が「15分」です。これは、上位の生徒が課題をクリアできる目安の時間です。この時間よりも短い時間で課題をクリアできたり、または30分以上も誰も課題をクリアできなかったりすれば、それは課題に問題があります。

＼ 自分が生徒になってやってみましょう ／

　最初は課題づくりの壁にぶつかるかもしれません。でも大丈夫です。自分で課題を一回解いてみましょう。そして、何分で解けるのか、その後、自分ならどう動くかをシミュレーションしてみます。

　また、実際に授業が終わったら生徒に聞いてみることもいいでしょう。予想以上に生徒は鋭い視点で課題を分析してくれます。

　わからないことは、生徒に聞く。実はこの姿勢が教師にとって大事なことなのかもしれません。

　さあ、次の時間の課題をつくってみましょう。

（細山美栄子）

STEP 4 課題のつくり方①　中1のスタートに最適の課題

＼ ぜひ中学1年生から ／

　中学校の授業は教科担任制となり、より専門的なことを学びます。特に多くの中学1年生は英語という教科に興味津々で授業に臨みます。

　そんなときだからこそ、最初からアクティブ・ラーニングでどんどん授業を展開していきましょう。

＼ スタートが肝心！ ／

　さあ、最初の授業からアクティブ・ラーニングの始まりです。黒板に次のように書きます。

> 全員がアルファベットを発音に気をつけて元気に順番に言うことができる。言えるようになったら、友達2人に聞いてもらい、ワークシートに合格のサインをもらう。

　生徒たちは黒板に書かれた課題を見て、わくわくします。そして早く活動したいと思います。教師は不安ですが、クラスの2割の生徒は課題を見て、どう動けばいいのか、しっかりと理解できます。

　教師の「さあ、どうぞ」の声と同時に、あちらこちらから元気な発音練習が聞こえてきます。

　生徒は有能です。本時のゴールがはっきりとわかれば、どの生徒も聞

き合い、教え合いながら、楽しく、自主的に活動します。

＼ わかりやすい課題が重要なポイント ／

　課題は具体的でわかりやすいことが生徒にとって最も重要です。あいまいに課題を設定してしまうと生徒は迷います。

　たとえば、「アルファベットを理解しよう」という課題を設定したとします。生徒は「理解する」ということは、どうすればいいのか迷います。書くことができるようになればいいのか、読むことができるようになればいいのか、などなど。何をすればいいかはっきりわかる言葉にしましょう。

＼ 人間関係づくりの観察 ／

　アルファベットを言えるようになったら、仲間に聞いてもらう活動を取り入れます。そのことによって、クラスの人間関係図が浮き彫りになってきます。

　1年生の最初は、誰に聞いてもらおうかと悩んでいる生徒を多く見かけます。そこで教師は、「○○さんが困っているから誰か助けてくれるよね」とつぶやいてみます。必ず手を差し伸べる生徒が出てくるはずです。その生徒を大きな声でほめましょう。その瞬間、クラス全体の動きが予想できないほど活発になるはずです。

　アルファベットを元気に言える自信と同時に誰かに聞いてもらってうれしい喜びで1時間の授業は終了します。

　中学校の英語って楽しいなあ、と思える授業のスタートになります。

（細山美栄子）

STEP 5 課題のつくり方②
学力差を解消する中1後半〜の課題

＼ 学力差・学習意欲の低下修正にはこれ！ ／

　中学1年生の後半から2年生の前半にかけて、学力の差が大きくなります。同時に、入学当初の学習意欲も徐々に低下する生徒が多くなります。そんなときは教科書を読むことで解消をはかります。

> 全員で正しい発音で元気よく教科書p17〜104までを1文ずつすらすらと順番に読み、制限時間7分で読み終えることができる。

　この課題は1時間扱いではなく、今週の課題（3〜4時間扱い）とします。また、学期末や学年末、または、学期の最初や進級してすぐの時期に行うといっそう効果的です。

＼ 実は教師自身の振り返り ／

　どの生徒も教え合いながら自主的に練習を始めます。教師は、生徒の様子を見ながら、つまずきやすい部分や間違いの多い部分を知ることで自分自身の指導を振り返る絶好の機会ととらえます。
　生徒は教科書の音読練習に集中でき、教師は生徒の動きを見ながら今後の指導方針の軌道修正ができます。

＼ オススメはクラス対抗 ／

　複数のクラスがある場合は、他のクラスの進捗状況を知らせることが意欲向上の一助になります。

　７分という時間制限を達成すると、他のクラスの時間も気になり始め、もっと早くみんなで読みたい！という気持ちが高まってきます。単に教科書を読むだけなのですが、とても生徒たちは楽しそうに集中して取り組みます。

　練習中のタイムキーパーは生徒が行います。本番のときだけ教師がタイムキーパーとなります。

　教師は、練習中はできるだけ口をはさまず、気になった発音やフレーズは黒板に書いたり、タイムキーパーに知らせたりします。練習時間のロスを防ぎ、生徒たちに十分学びの時間を確保してあげます。

＼ 達成感が学習意欲の向上につながる ／

　制限時間を初めて達成すると、生徒たちは素直に大きな声で喜びます。同時に拍手も起こります。不安が解消され、一気に手応えを感じる瞬間です。

　クラス全員での達成感は、同時に生徒一人ひとりの学習意欲の向上にもつながってきます。

（細山美栄子）

STEP 6 課題のつくり方③ 中2後半向けの英作文の力をつける課題

＼ 絵やグラフを英文で表現しよう ／

2年生の後半に学習する単元に「比較級」や「最上級」があります。ここでは高校受験の英作文問題でよく出題されるような練習を豊富に行い、英作文への抵抗をなくすことを目指します。設定する課題はこんな感じです。

> 課題：全員が比較級や最上級を用いて、3枚の絵について英文10文以上で表現する

比較級や最上級を用いた表現は、多くのバリエーションが考えられる上に、抽象的な表現が用いられることがあまりないので、英作文の練習には非常に適しています。

10文という課題設定は難易度が高いように思われますが、対義語を用いることで、似たような英文をいくつか短時間で作ることができます。また、生徒同士が協力することで、難易度の高い課題に積極的に取り組むことができます。3枚の絵も比較的簡単に表現できる絵から難易度の高い絵まで準備することで、それぞれの生徒の力に対応した課題となります。

修学旅行と活動をタイアップさせよう

　２年生のこの時期は、中学校行事における最大イベント「修学旅行」があります。どの学校でも自分たちが行く目的地の調べ学習を多くの時間をかけて行うわけですが、その活動とタイアップさせて課題を設定してみると、生徒たちは熱心に活動に取り組みます。

> 課題：I like ～ the best. の表現を使って、自分のおすすめの観光地を紹介する

　観光地の説明は英語でも説明されています。その英文の意味を解読し、難解な表現には日本語訳も加えながら、自分たちの学習した like ～ the best. の表現を用いて、全員に紹介する英文をまとめるという活動です。

　大切なことは「全員が時間内に」を厳守することです。修学旅行での活動もそうですが、一つのことに時間をかけすぎてしまうと、全体の計画に支障をきたしてしまいます。活動で大切なことは、時間を常に意識して、時間内に自分たちの最善を尽くすことです。この活動を通して、時間の大切さや計画的に実行していくことの難しさを体験することで、修学旅行にも大いに役立つこととなります。

外部の検定に挑戦しよう

　３年生を目前に控えたこの時期に、英検などの外部試験に積極的に挑戦する集団をつくりましょう。アクティブ・ラーニングでは、生徒は出された課題を時間内に終わらせることがタスクとなるので、予定通りに授業が進みます。２年生の３学期に、授業の数時間を用いて、英検の試験を解くという課題を設定することは、試験への意欲づけになりますし、これまでの学習の復習の機会となります。

（木花一則）

STEP 7 課題のつくり方④ 中3で挑戦！長文読解の課題

＼ 長文読解力をつけよう ／

　高校入試におけるテストでもっとも配点が高いのが長文読解問題です。この力をつけていくために、教科書の本文を読解問題に作りかえて提示します。課題設定はこのような感じです。

> 課題：時間内に全員が問題を解き、答えに対する説明をすることができる。

　入試では、初見の長文を短時間で理解し、解答を出さなければなりません。教科書においても、この初見の数十分を大事にしていく必要があります。ただし、あくまでアクティブ・ラーニングの授業なので、テストのように誰とも話し合ってはいけないという制限はありません。その代わりに、「全員」の理解を求めるのです。

　新出単語を調べたり、新出文法を理解したりと地道に攻略の糸口を探す生徒もいれば、どんどん問題を解いていく生徒もいます。しかし、全員がパズルゲームを解くように、授業の中盤から終盤にかけて問題にのめり込んでいきます。授業終了5分前に時間を切り、活動が終わります。学級全体に課題が終了したかどうかを挙手などで確認します。単元の最初の1時間目としてはかなりコアな時間となります。

みんなで実際の入試問題にチャレンジしよう

　3年生の後半ともなれば、高校入試で出題された実際の問題に取り組む時間となります。このときには、2時間構成の授業課題となります。1時間目は授業時間の50分を使って、実際の入試問題を解きます。テストですので、誰とも相談はできませんし、辞書などの使用も不可です。そして2時間目です。授業者は採点したテストを返却し、この時間の課題を提示します。

> 課題：時間内に全員が自分の間違えた問題を理解することができる。

　問題の難易度が高いので、問題を解いた後の振り返りは多くの仲間の助けと時間を要します。自分の力で解けなかった問題をできるようにする最短ルートは仲間に頼ることです。もちろん、答えを聞くのではありません。なぜそうなるのかという深い話し合いが必要になってきます。

　長文の読解に限らず、リスニング問題の確認に時間をかける生徒も出てきます。一斉にリスニングの問題を行う場合は、自分だけもう一度リスニングの問題を聞き直すことは許されませんが、本来はその確認の時間がとても大切なはずです。聞き取れなかった問題を繰り返し聞くことで、十分な理解に変えていくことができます。

「全員志望校合格」を学級目標に掲げよう

　3年生の最初から、高校入試に集団で挑む意識を持たせましょう。入試は個人戦のように思われますが、入試は団体戦です。みんなで挑めば全員合格も夢ではありません。入試が終わったときに全員が全員の合格を心から喜べるように今からがんばろう、と励ましていきましょう。

（木花一則）

STEP 8 指導案と授業の実例①
be動詞と一般動詞を説明する

＼ 初めての大混乱 ／

　英語学習で、ほとんどの生徒が直面し、うやむやなまま進んでしまう文法項目がbe動詞と一般動詞の区別です。

　この混乱は、多かれ少なかれ英語教師にとっては想定内のことですが、アクティブ・ラーニングによって生徒同士があっさりと簡単に解決します。この課題の時期は、be動詞と一般動詞の現在形を学習した段階が適切です。

課題：次の10個の英文の間違いを探しだし、正しい英文に直すことができる。また、なぜ、そうなるのかを友達3人に自分の言葉で説明し、納得させることができたら、サインをもらう。説明不足であれば改善し、再度挑戦する。

ワークシート例　※英文はすべて文法的に誤ったものです。
① Tom is has two cats.
② We are play soccer players.
③ My father work at the bank.
④ His sister go to high school student.
⑤ Ken and Taro is good friends.
⑥ I am four onions and two carrots.
⑦ We are wash the dishes every day.

⑧ They is from Aomori.

⑨ I am use my computer.

⑩ We are have happy.

教科書の例文や本文から出題することが基本！

　予習や復習の重要さを生徒に理解させるために、教科書の例文や本文の中から一部単語を変えて英文を出題します。

　また、生徒の状況に応じて、日本語訳をつけることもあります。ただし、上位の生徒が課題を解決できる時間を15分と考えれば、多少、難易度をあげても、日本語訳まで生徒たちに考えさせ、自分の言葉で説明するときの様子を観察したいものです。

課題のつくり方にひと味加えてみましょう

ワークシート例の④をみてください。

His sister goes to high school.
His sister is a high school student.

　二通りの解答が出てきます。この二つの解答を導き出し、説明できる生徒が出てくれば、解答は一つとは限らない、と他の生徒たちにも伝わり、柔軟に多角的に考えるようになってきます。

　課題のつくり方のちょっとした工夫が、生徒たちの可能性を伸ばしていくことにつながります。

（細山美栄子）

STEP 9 指導案と授業の実例②
絵を見て現在進行形を英作文する

＼ 絵をたくさん使いましょう ／

現在進行形の定着には、絵をたくさん使って、状況説明ができるような課題をつくります。

> 課題：絵を見て、20人それぞれの人物について、状況を説明する英文を作り、正しい文かどうか確認する。その後、絵を見て英文をスラスラ言えるように練習をする。
> 授業終了5分前の確認テストで全員が満点をとることができる。

さまざまな場面の絵を準備し、前もって生徒に配付しておくと生徒は未習の単語を予習として調べてきます。

＼ 英文は自己採点が鉄則 ／

英文が完成した生徒は、教卓に置いてある模範解答を見ながら自分が書いた英文を確認します。生徒自身が正確に採点できるように指導することも大事なのです。

声に出して読ませましょう

　英文を書くことが終了したら、絵の状況を把握しながら英文を言う練習が始まります。数人の生徒は「教えて」と、音読練習をしている生徒のところに移動し始めます。音読練習をしている生徒は、絵を見ながら状況を説明し、どういう単語を使って文を作るべきなのかを丁寧に説明します。

　このとき、自然に辞書を使う生徒が多くなります。辞書の使い方指導に時間をかける必要がありません。必要性を感じたときが、生徒にとって一番身につきます。辞書の使い方も同じです。

全員達成なるか？　確認テスト

　本時の課題が全員達成できるか、という判断材料は、確認テストで行います。教師は、現在進行形の文型の定着を把握できます。今回は「書くこと」に注目します。

　出題する絵は、課題で使用したものです。そこから人物を絞って、3〜5人について書かせます。時間は3分以内。そして、回収し、教師がその場で採点します。採点後はすぐに返却します。

　最後は、結果発表。満点者が挙手をします。全員達成の場合は、大いにほめます。残念なときは、上位の生徒の動きに注目して語ります。教室を見渡し、一人も見捨てず集中して課題に取り組むことができたのか、全員に問いかけます。課題と同じ絵を出題したことにも触れます。決められた課題を徹底的に学び合ったのか、と。

　そうすることによって次の時間は、予習してくる生徒が増えます。

（細山美栄子）

STEP 10 指導案と授業の実例③ 疑問詞の使い分けを説明する

＼ 推測する力を身につけさせよう ／

疑問詞がたくさん出てきて、使い分けに混乱が見られるようになった場合の課題です。

> 課題：次の対話を読み、（　　）に適する語句を書くことができる。また、なぜそうなるのかを自分自身の言葉を使って、友達3人に説明し納得してもらえたら、サインをもらう。改善が必要な場合はもう一度説明を考え直し、再度挑戦する。
>
> ワークシート例
> ※普段使用しているワークブックのまとめのページで代用もできます。
> （1）（　　）is this man? - He is my mother.
> （2）（　　）do you clean your room? - I clean it every day.
> （3）（　　）do you play table tennis? - I play it in the park.
> （4）（　　）are these boys? - They are my classmates.
> （5）（　　）is Ken? - He is near the desk.

何より大事な、相手に説明できる力

　対話文の数は、生徒の状況に応じて決めます。上位の生徒が15分くらいで解決できる課題をつくります。

　ワークシートを書き終えたら、生徒は各自、教卓の周辺に置かれている解答を見てチェックをします。そして、なぜ、そうなるのかを説明します。

　相手にわかってもらえるように説明することが、今回の課題のポイントです。生徒自身の理解度があいまいであれば、相手に説明してわかってもらうことができません。

　キーワードを発見し理由をつけて説明できた生徒は、大きな声で全体に向けてほめてあげます。最初にできた生徒は、教師または外国語指導助手のチェックを受けることになるので、大きな自信につながってきます。

　説明を聞く側には、聞いていてわからない箇所を指摘するように前もって話をします。そうすることで、課題に取り組む姿勢に真剣さが増し、説明する側も説明を聞く側も質が高まります。

定期テストに出題しましょう

　毎回の課題はクリアできても、テストで点数がとれない、という生徒をなくすためには、課題の精選と定期テストとの関連づけが重要です。最初のうちは、教えてもらい課題解決ができたことで満足する生徒が出てきます。しかし、それでは目に見える学力の向上にはつながらない、という認識を生徒に持たせなければなりません。

　毎回の課題は、出題パターンに変化を持たせながら、定期テストに出題します。

　　　　　　　　　　　　　　　　　　　　　　　（細山美栄子）

STEP
11 指導案と授業の実例④
助動詞で作文し、音読する

＼ 自由な発想で英文を作らせよう ／

　助動詞 can を定着させるためには、自由な発想でたくさん英文を作らせます。

> 課題：助動詞 can を使って10個以上英文を正しい語順で作ることができる。作った英文を音読して３人の友達に聞いてもらいサインをもらう。授業終了時にワークシートを回収。
>
> **ワークシート例**
> **現在2040年**
> **What can you do ?**
> 　①
> 　②
> 　③
> 　④
> 　⑤
> 　︙
> 　︙

英文に悩む生徒

　今回の課題は文法的には簡単なので定着しやすいものです。しかし、生徒は悩みに悩むのです。

　なぜでしょうか。それは、ワークシートの最初の文です。「現在2040年」という表記があるからです。

　「自分のできることを10個以上英文で書くことができる」という課題であれば、できることとできないことを時間をかけずに、5～7分で10個以上書くことができます。

　目指すゴールは助動詞 can を使った英文が正しく書くことができればいいのですが、課題に少しひねりを入れることで、別の要素も入ってきて、楽しみながら課題に取り組むことができます。

　生徒たちが完成させる英文もおもしろいものが出てきます。たとえば、「I can operate an airplane.」「I can drink beer a lot.」など～です。

聞き取る力を鍛える

　書き終わったら、自分の作った英文を友達に聞いてもらうために歩き回ります。この活動が、聞き取る力の育成につながっていきます。相手がどんなことを言うのか、興味津々で一生懸命に聞こうとします。

　聞いている側で、わからない単語が出てきた場合は、Pardon? などと聞き返します。伝えている生徒は何とかわかってもらおうとジェスチャーも交えながら話し続けます。

　相手に何とかわかってもらおう、相手の言いたいことを何とか理解したい、この相互の関係は素晴らしいです。自然に望ましい人間関係ができあがってきます。

（細山美栄子）

STEP 12 指導案と授業の実例⑤ 命令文で学校への提案をポスターに!

\ 身近なところからの提案 /

教科書の内容だけではなく、ときには、学級や学校、自分の住む地域などに目を向けさせる課題を設定します。

> 課題:「クラスからの提案」というテーマで、今までの学校生活を振り返り、こうしたらもっと学校生活がよくなるだろう、と思うことをたくさん出し合い、生徒会へ提案するとともに英語でポスターの作成ができる。
> 例) Let's clean your rocker room.
> 　　Don't run in the classroom.
>
> ※この課題は3時間扱いで行います。

\ リーダーの活躍 /

上記の課題では、リーダーが中心となって意見を集約していきます。一見すると、学級会が開かれているような感じです。その後、生徒たち自身で担当を決め、英文作りに入ります。3～4人のグループができ、それぞれに辞書を使ったり、ALTに手伝ってもらったりしながら進めていきます。

英語を得意とする上位2割の生徒たちは、どんどんクラス全体を引っ張ることができますので、教師はその様子をじっくりと観察します。

＼ ALTの役割 ／

　ここでのALTの役割は、生徒たちにヒントを与えることです。生徒同士のかかわりと同じで、直接答えを教えません。そして、ALTもリーダーの生徒たちの発案を全体でほめながら、活動の活性化を図っていきます。

　今回の課題はポスターの作成になるので、間違った英文等がないかチェックを担当します。

　生徒に声をかけながら、教師と同じ目線で生徒たちの活動を見守り、援助します。授業が終わると、生徒の動きや学習の定着について話し合います。

＼ ポスターが完成したら ／

　ポスターが完成したら、まずは黒板に貼り、全員で眺めます。時間があれば、簡単に英語でプレゼンも可能です。ただし、1年生であればちょっと難易度が高くなってしまいますので、ポスターに書かれた英文を読むまででよしとします。

　授業の最後の語りでは、生徒たちの創意工夫に拍手を送ることができます。

　英語を学ぶのではなく、学んだ英語を情報発信の手段として使うことで、生徒たちはもっと英語で発信したいと思うのです。

　　　　　　　　　　　　　　　　　　　　　　　　　（細山美栄子）

STEP 13 指導案と授業の実例⑥
先週日曜のことを過去形で紹介する

＼ 自己表現力のアップを図りましょう！ ／

　文法的な事項が定着したら、さっそく自己表現力アップのための課題を出します。アクティブ・ラーニングに慣れてくると生徒は文法事項を確認したあとは、自分の身の周りのことや自分の意見を英語で書く、という作業に自主的に取り組むようになります。

> 課題：全員が友達に先週の日曜日の出来事を紹介する英文を10文以上書くことができる。ただし、以下の条件を必ず含んでいること。
> ①タイトルを書く
> ②時間的な流れで書くのか、中心となる話題を具体的に書くのかを決める
> ③最後には自分の感想を2文以上入れる

＼ 教科書や辞書が大活躍 ／

　生徒は自分の書きたい内容を英語にするために、教科書の内容を参考にしたり、辞書を活用したりしながら作業を進めます。
　生徒たちからは「単語がわかっても過去形がわからない」というつぶやきが出てきます。そのとき、教師は何気なく「教科書○○ページに過

去形があったはず」とか「○○君が過去形たくさん知ってるよ」と直接答えを言うのではなく、遠回しに答えに結びつくヒントをつぶやきます。

アクティブ・ラーニングは、必要な情報をどのように得ることができるのかという、howの部分を大事にして進めていきます。

教室に先生がたくさん登場

上位の生徒は約15分で英作文を書き終わり、提出します。その後、苦戦している生徒のところに行き、一緒に英文を考えたり、教科書や辞書で単語を調べたりします。

何を書けばいいのか迷っている生徒には、教科書に載っているモデル文をアレンジして書いてみよう、と促す生徒もいます。ヒントをもらった生徒は、笑顔になって活動を始めます。教室には先生がたくさん登場し、いろいろなアイディアを生徒同士で共有します。

練り直しをさせよう

時間内にほとんどの生徒が課題を達成しても、時間ぎりぎりまでできることを探させます。すると、生徒たちは自分の提出した原稿の内容をもっとふくらませようと書き直す生徒たちが多くなります。内容の濃い英文の完成です。

授業の最後に提出されたものはALTがすべてチェックをして、コメントをつけて返却します。

（細山美栄子）

STEP 14 指導案と授業の実例⑦
予定を友達に聞いて助動詞 will でまとめる

＼ 予定表をもとに英作文を作りましょう ／

　定期テストを目前に、多くの生徒はテスト勉強の予定表作りを行います。その予定表を活用した英語の課題を出します。

課題：定期テストまでの学習予定を友達3人に英語で尋ね、メモをとることができる。そのメモに書いた情報を曜日ごとに英文を作ってまとめることができる。書き終わったら、インタビューした友達に見せて、サインをもらう。

ワークシート例

　Name : Kota Sasaki
　Monday : He will study Japanese in the library.
　Tuesday
　Wednesday
　Thursday
　Friday
　Saturday
　Sunday

　　　　　　　　　　　　　　　　　　サイン

＼ 聞く → メモをとる → 英文を書く ／

　リスニングとライティングの２つを同時に課題として与えることで、聞き取るときに集中してメモをとる習慣がついてきます。できるだけ英語でメモをとらせるようにします。

　ただ、メモをとっただけでは書く力までは定着しません。メモをとったことを正しい英文で書かせることに重点を置きます。さまざまな表現が出てくると予想されますので、英文が文法的に正しいかどうかは、模範解答の提示ではなく、ALTまたは教師のチェックの場を設定します。

＼ 最終段階で行うこと ／

　英文を正しく書くことができたら、最後の内容チェックはインタビューされた友達が行います。自分の話した内容と英文が合っていれば、サインをして返却をします。３人すべて終了したら、課題達成となります。

　全員が課題を達成できるかどうかは、クラスの人間関係に大きく影響してきます。一人も見捨てず、全員で課題を達成しよう、という雰囲気が高まるような「語り」とわかりやすい「課題設定」がいつでも必須条件です。

　課題が「わかりやすい＝簡単」ではないことは、上位２割の生徒は教師よりもよくわかっています。

（細山美栄子）

STEP 15 指導案と授業の実例⑧ 5つの事柄を不定詞でALTに説明する

╲ 形容詞的用法で日本文化の説明 ╱

　生徒たちはアメリカやイギリス、フランスなどの文化については、テレビやインターネットを通してかなり知っています。それでは、自国の文化についてはどうでしょうか。

　日本から海外に発信されているものを探し出し、それをうまく相手に伝えることができるようになることが必要です。

課題：ホームステイ先の家族に日本の土産をもっていく状況を想定し、次の5つの事柄について、例を参考に英語でわかりやすく説明することができる。言えるようになったら、ALTの先生のところに行き、説明をして合格をもらうことができる。

ワークシート例

例) tenugui: This is a tenugui to use like a hand towel.
　　　　　　It is very thin.
例にならって説明してみよう
furoshiki　hachimaki　hashioki　waribashi　tsumayouji

＼ 手がかりを与えましょう ／

　課題を生徒に示す前に、課題を作成したら生徒の動きをシミュレーションします。課題が漠然としていれば、うまくゴールまで行くことができません。今回の課題は、「ホームステイ」「土産」というキーワードを設定することで、生徒たちには臨場感を与えます。

　また、説明する際に、必ず使わせたい語や文型があるので、それは例文として示します。一斉授業では、教師が黒板に書き、説明してから活動が始まる、というパターンが多いのですが、上位の生徒にとっては時間の無駄です。教師側が求めている解答を文字でさっと見るだけで2割の生徒は、教師の説明を聞くよりも早く理解でき、活動できます。

　あくまでも、生徒の活動時間を教師が奪ってしまわないことを心がけ、課題を設定します。

＼ 人に伝える力を養う ／

　普段恥ずかしがり屋の生徒も、全員達成という目標があるので、他の生徒たちからの声援を受け、勇気を持ってALTのところに行って説明します。そして、合格をもらった瞬間、周りの生徒たちも大きな拍手で達成を喜びます。もちろん合格した生徒はホッとした表情と同時に大きな自信をもらうことができます。

　最後の一人が合格するまで、生徒たちは何度も何度も英文を教え、一緒に言ってみながら粘り強く挑戦していきます。

　合格した生徒たちはお互いに問題を出し合ったり、別の日本のお土産を探して、どのように説明するのかを考えたりする姿が見えてきます。自分たちで自主的に学習する姿が成績の向上にもつながっていきます。

（細山美栄子）

STEP 16 指導案と授業の実例⑨ 十二支を使って比較の文を作る

＼ 課題に変化をもたせましょう！ ／

　毎回、課題を考えるとパターン化してしまい、課題の内容によっては生徒の動きもマンネリ化状態に陥ることがあります。

　そのときは、課題のパターンは同じにしたまま、語りと内容に変化をもたせます。

　新出文法の中でも特に「比較」を扱う場合には、細心の注意を払いながら課題をつくります。生徒たちの実生活からできるだけ離れた内容にすると、全員が安心して取り組みます。しかし、ちょっと身近なものになるとお互いを傷つけたり、嫌な思いをすることにもなりかねません。

　アクティブ・ラーニングでは人間関係がよく見えてきます。教師の観察力も回数を重ねるごとに磨かれてくるはずです。

> 課題：十二支にでてくるものを英語で書くことができる。その十二支を使って、「○○は□□より〜だ」「△△は一番〜だ」「○○は△△と同じくらい〜だ」という３つのパターンの英文をそれぞれ５つ作り、友達２人から合格のサインをもらうことができる。

　この課題のワークシートにはあらかじめ十二支の絵を載せておきます。そうすることによって、十二支に出てくるものを英語で書くことができるという課題は全員が簡単にクリアできます。

自由な発想の英作文を受け止めよう

　この課題の英作文は、文法的に正しければ英文の内容にはこだわらない、ということにします。生徒の自由な発想を受け止めながら、楽しく学習していくことを重視します。

　例えば、The rat runs faster than the dog. という英文を作った生徒がいます。ある生徒は正しい英文だ、別の生徒は間違った英文だ、という議論が起こります。文法的には正しい英文です。しかし、内容を考えた場合、正しいかどうかの判断はできません。

　こういう場合は、文法的に正しいかどうか、英文を聞く側の生徒が注意を払い、あとは楽しく聞き取ることにします。

書くスピードにこだわりましょう

　今回の課題は、合計15個の英文を作ります。上位の生徒が15分で課題を達成させるためには、最初の語りで、全員に時間を意識しながら活動することを強調します。

　また、活動の間にも、教師は「どんどん進んでいるね」などと上位の生徒に声かけをすることを意識します。

　文法的に正確に英文を書くことができるようになると、問題を解く力も自然に早まります。

（細山美栄子）

STEP 17 指導案と授業の実例⑩
好きなものについて現在完了を使いスピーチ

＼ 話すこと・聞くことの重視 ／

　現在完了の基本を理解したら、次は、話すことを重視した課題を設定します。

> 課題：「自分の好きなこと・もの」をテーマに30秒以上、友達にスピーチすることができる。スピーチの条件は以下の通りである。
>
> （1）好きな理由
> （2）いつ頃から好きなのか
> （3）好きなことを通して他の人に伝えたいこと
>
> また、スピーチを聞いた人は、2つ以上質問することができる。

　前の時間に、本時の内容を生徒に伝え、準備しておくように指示を出しておく。その際、ノートに書いてきてもよいものとします。ただし、「スピーチをする」という部分を強調しておき、「スピーチ」の仕方を前もって指導しておきます。そうすることによって、原稿をそのまま見て、棒読みになる生徒がほとんどいない状態になります。また、授業の前に生徒同士での準備を進める様子も見られます。「話すこと」、つまり自分の言葉で相手に伝えることの大切さを語っておきます。
　また、聞き手の立場になったら、しっかりと質問できるような聞き方

を指導します。また、相づちを加えるとさらによいことも伝えておきます。

30秒を強調しよう

　質の高い学びのためには、時間を意識させることが大事です。制限時間を設けることで、緊張感が高まります。30秒は中学生にとって最初は長く感じるかもしれません。しかし、繰り返し類似の課題を出すことで、1分間スピーチもできるようになります。
　多少課題のハードルが高いと感じても、生徒を信じてやってみることで、生徒たちの能力の無限さを感じることが多いものです。

最後の「語り」で伝えること

　授業の最後で、スピーチの様子を教師が語ります。そのとき、普段なかなか人前で話すことの苦手な生徒のスピーチに最初から注目し、何気なく聞いておきます。そして、最後にこんな素敵なスピーチがあった、と紹介します。内容には触れず、スピーチをしている様子や質問に対する応答の場面を評価します。
　生徒同士認め合う雰囲気をつくるのが教師の仕事です。

（細山美栄子）

STEP 18 指導案と授業の実例⑪ 中1から入試問題をやってみよう！

＼ 早い時期からの挑戦 ／

「中学３年生になって初めて昨年の入試問題を解きました。難しくてびっくりしました」

忘れられない生徒の言葉です。

中学１年生の後半で過去の入試問題に挑戦させます。文法的に１年生レベルの箇所があるので、そこを抽出します。

> 課題：昨年度の入試問題を解き、問２（２）の答えが、なぜ、そうなるのかを自分の言葉で50〜70字程度にまとめることができる。まとめたら、友達２人に聞いてもらい、納得してもらう。そしてサインをもらうことができる。説明に不備があれば、訂正をして再度挑戦する。

150字程度の長文を課題とします。

生徒は「入試問題」ということで最初は緊張しますが、すぐに一人で黙々と取り組む生徒、グループを作って英文の意味を確認し合う生徒、辞書でわからない単語の意味を探し出す生徒などいつも以上に集中して、いい動きが見られます。

問いの数は三つだけですが、最初は本文の内容と一致している英文を探すものです。二つめは、本文の内容に関連した英問英答、最後は英作文という構成の問題です。

＼ 活発な意見交換スタート ／

　課題達成までの時間を考えながら、生徒は問題を解きます。そして、答えが書かれてある場所に線を引いたり、矢印を書いたりしながら、お互いに出した答えの根拠を話し合います。そして、教卓の前に置かれた解答を見ながら、再び意見交換が始まります。「なるほどね」「だから、最初の答えでよかったんだよ」などという声を聞きながら、教師は、他の生徒たちにも声かけを行います。

　「間違ってもいいんだよ。大事なことは、どうしてそうなるのかを自分たちの力で発見することだからね」と。

　解答が終わっても課題達成とはなりません。指定された部分の説明を自分の言葉でまとめ、友達に説明するところまでいかなければなりません。上位の生徒もかなり苦戦します。

＼ 重要なのは最後の語り ／

　全員達成ができたら、教師は大いに生徒をほめましょう。しかし、全員が達成できない場合は、次のような語りになります。

　「受験は団体戦です。今日は残念ながら全員達成はできませんでした。でも、みんなの一生懸命に取り組んでいる姿は素晴らしいです。中学1年生のこの段階で真剣に入試問題に取り組めたこと、話し合えたことは無駄にはなりません。入試の準備はもう始まりましたよ」

（細山美栄子）

STEP 19 指導案と授業の実例⑫ 中3なら入試対策を全員でやってみよう！

＼ 受験間近だからこそできるアクティブ・ラーニング ／

　中学3年生の受験期こそ「一人も見捨てず、全員で課題達成」を合い言葉にアクティブ・ラーニングで入試対策の充実を図ります。

　家庭学習で過去5年間の問題を解いたことを前提に進めます。問題を大問ごとに分け、出題傾向の分析や出題回数の多い熟語や単語などを抜き出す作業です。

　問題を解くことは家でも塾でもできます。しかし、仲間同士で入試問題についてじっくりと時間をかけて分析することこそ、学校の授業でできる受験対策です。

　以下の課題は、3～4時間扱いで行います。毎回の課題の設定と同じですが、細かいチェック項目を作り、生徒がどのように学習を進めればいいのか、道筋を作ってあげることも下位の生徒にとっては有効な方法となります。

　大事なことは、最終的に入試問題を分析して、自分の言葉で出題傾向などを説明できることです。このことができれば、ただ漠然と問題数をこなし、解答し、誤答を直して進む受験勉強より、どんな問題にも幅広く対応可能なのです。問題をこなすだけであれば、問題傾向が変わった場合、臨機応変に対応できる生徒が多くはありません。

　授業は、この時間でしかできないことを生徒に課題として提示することが受験期における教師の仕事の一つです。そして、生徒に自信をもたせ、どんな問題が出ても大丈夫と言える指導が大事です。

> 課題：高校入試問題の過去5年間分を大問ごとに分け、問題を解くコツをわかりやすく自分の言葉でまとめることができる。特に、頻出単語や熟語については、全員がわかるように工夫して提示すること。全員が終了した時点で、数名ずつグループをつくり、発表会を行うことができる。

ホワイトボードの活用

相手に説明をするときには、視覚的に訴える工夫が必要となる場合があります。上記の課題は、頻出単語、熟語を単に言うのではなく、ホワイトボードに書き、全員に見えるようにします。メモが必要な生徒は、そのボードを見ながらメモを取ります。授業が終了してもホワイトボードは教室の空いている場所または廊下に立てかけておき、数日は誰でも見ることができる状態にしておきます。

生徒が説明上手になってくる

アクティブ・ラーニングを継続して行うと、生徒たちは説明上手になってきます。「どうしてこうなるの？」と問いかけると、多くの生徒はキーワードを見つけ出し、教師以上にわかりやすい言葉で説明でき、驚くことが多くなります。一問一答ではない、答えのない問題に臨機応変に対応していくためには、アクティブ・ラーニングでの課題解決の継続こそが重要な鍵となるのです。

（細山美栄子）

STEP 20 単元を任せる課題設定

単元をまるごと生徒に任せてみる

　課題の出し方として、1時間ごとに課題を設定するのではなく、数時間で終わらせる課題を出す方法もあります。たとえば、教科書の見開き2ページを3時間で終わらせるというような課題です。

　この課題設定の良さは課題に4技能を取り入れやすいということです。1時間の授業で、「聞く」「話す」「読む」「書く」という課題を四つ設定するのは無理があります。しかし、3時間設定ならこれが容易にできます。

　また、授業の中でバラエティーに富んだ活動が展開されます。リスニングをしている生徒、互いに英語で対話をしている生徒、音読をしている生徒、ノートをまとめている生徒というような感じです。課題の中から自分でやるべき課題を選択し、学習に取り組むというところに意味があります。そこに自主性が生まれるからです。まさにアクティブ・ラーニングです。

全員の課題達成が難しいケース

　このような課題を設定すると、生徒が自主的に家庭学習をします。数日後にせまる課題最終日に向けて、少しでもやるべきことをこなそうとする気持ちが生まれるからです。

　英語が得意な生徒の課題達成は、驚くほど速いです。数時間で終わら

せるはずの課題を家ですべて終わらせてきてしまいます。逆に、英語が不得意な生徒は、課題の重さに学習の速度が遅くなり、いつしかあきらめてしまうということもよくあります。一歩間違えると二極化が進み、全員の課題達成が不可能な状態に陥ってしまうというケースも珍しくありません。

本当の協同作業が求められる

　ハードルの高い課題設定ですが、授業者も生徒たちも本気で全員達成をめざすことができれば、学級集団はめざましい成長を遂げます。
　ある学級で、この課題に取り組んでみました。その学級には、どの授業にも決して参加しない生徒がいました。ノートもとらないし、いつも寝ています。その彼に、一人の女子生徒がずっとサポートを続けました。彼は最後まで課題を終わらせることはできませんでしたが、英語の授業だけはノートをとったり、ワークをやったりと課題に取り組むようになりました。ハードルの高い課題が彼女や彼を本気にさせたのです。

単元を任せる意味

　各単元は大体8〜9時間の授業で構成されています。内容は系統立てられており、授業者はそのつながりを理解して毎時間の授業内容を指導案におこしていきます。つまり、授業者は単元の全体を掌握しています。なぜなら授業計画を立てる上で、それが大事な要素だからです。裏を返せば、その考え方は授業を受ける生徒にとっても大切だということです。生徒に単元を任せるということは、生徒に単元全体の概要を把握させることができます。そのことによって、毎時間の授業への理解を深めていくことができるのです。

（木花一則）

STEP 21 異学年でのアクティブ・ラーニング

異学年アクティブ・ラーニングでステップアップ！

　クラス単位でアクティブ・ラーニングを行うと、継続して行うからこそ見えてくる課題もあります。たとえば、なんとなくマンネリ化がうかがえたり、生徒の動きが鈍くなってきたり、グループが固定化してしまったりするなどです。

　これらの解決方法として異学年アクティブ・ラーニングがあります。異学年アクティブ・ラーニングでは、異なる学年の生徒が同じ教室で授業をします。もちろん学習内容が異なりますので課題も異なります。しかし「一人も見捨てない」という願いは変わりません。つまり学年に関係なく、そこに集まった生徒全員が、決められた時間の中でそれぞれの課題の達成を目指すのが異学年アクティブ・ラーニングです。

なぜ異学年で行うのか

　アクティブ・ラーニングでは自然とグループができあがります。一人での学習も可としますが、大部分の生徒はグループをつくります。このグループのメンバーや人数を教師が決めることはしません。なぜなら、ある学習者にとって、一番わかりやすく教えてくれる生徒（＝最良の学習パートナー）は、その学習者が一番よく知っているからです。

　もし仮にグループのメンバーを教師が決めたとしましょう。あるグループの習熟度の低い生徒のことを想像してください。その生徒は他の

グループに行けば自分より習熟度の低い生徒に教えることで自分の学習の定着を無意識に図り、その生徒自身の力も高めることができるかもしれません。しかし教師がグループを固定化してしまうことでその機会が保障されなくなってしまいます。

　しかし、グループを解体することでこの問題は解消されます。選択の幅が広がれば、それぞれの生徒にとって最良の学習パートナーを選ぶ機会が増えます。ここがポイントです。同様に、クラスから異学年に広げることによって、あるクラスで今まで一番習熟度が低いとされていた生徒よりも低い下級生が同じ学習空間に現れ、逆に一番習熟度が高い生徒よりも熟達度が高い上級生が現れます。このことが学習にとっていかに有効であるかということは言うまでもありません。

　それ以外の異学年で授業を行うことのメリットとして、たとえば、受験を控えた3年生の学習の姿を2年生に見せながら授業を進めることは、1年後に受験を控える2年生にとってよい刺激となります。また普段は授業を見せ合うことの少ない教員同士が、授業をしながらさまざまな情報交換ができることもメリットの一つです。先輩教員から教科指導のコツを教わったりもできるかもしれませんね。

全校でのアクティブ・ラーニング!?

　同じ要領ですべての学年で合同授業を行えば、小さな学校であればそれだけで全校でのアクティブ・ラーニング授業となります。いつもの授業を合同でやるだけですので、進度に遅れが出ることはありません。生徒の新たな一面を見るチャンスが増えますよ。

（伊藤大輔）

STEP 22 アクティブ・ラーニングで小中連携

＼ 異学年アクティブ・ラーニングを小中連携で ／

　異学年アクティブ・ラーニングに関しては、学習成果の向上と人間関係の向上[1]、そして学習意欲が向上[2]するということが学術上明らかにされています。この異学年アクティブ・ラーニングは同じ学校内でしかできないことではありません。小学生と中学生の異学年で行えば、アクティブ・ラーニングでの小中連携が実施できます。

　具体的な取り組みを紹介します。以下は某公立中学校において行われた、小学6年生30人と中学1年生33人の合同授業です。

〈授業構成〉

	中学校1年生	小学6年生
1時間目　原稿作り	英語で他者紹介の原稿を作る	英語で自己紹介の原稿を作る
2時間目　話す練習	話す練習をする	
3時間目　録画	自己紹介、他者紹介をiPadで録画する 映像をみんなで見る	

1) 若山浩子・伊藤善隆・西川純：「複式学級の特性を活かした算数科の学習指導に関する事例的研究」臨床教科教育学会誌、臨床教科教育学会、Vol.11(2)、pp.107-126、2011.
2) 小林秀樹・西川純：「中学校理科における異学年の『学び合い』」臨床教科教育学会誌、臨床教科教育学会、Vol.2(1)、pp.18-28、2004.

〈授業方法〉

　今回の授業の最終的な目標は、全3回の授業にて、小学生は自己紹介を、中学生は他者紹介をiPadに録画することです。最終的に、その録画データで評価をすることを児童・生徒に事前に知らせてあります。学習方法は学習者に任せ、教師からの直接教授は最小限にします。このようにすることで、生徒同士の交流を促進させ、小学生と中学生を、より交流させるのがねらいです。

〈準備する物〉

- iPad、十分な数の机と椅子、参考書、教師用指導書、辞書など

　iPadの中には昨年度録画した自己紹介・他者紹介の動画や教科書の音声データなどが入っています。インターネットも利用できるようにしておきます。その他、生徒が学習しようとする際に必要となるであろうものは、あらかじめすべて準備しておきます。

〈結果〉

　授業終了後のアンケート結果から以下の点が明らかになりました。

- 小学校6年生の「中学校入学に対する不安」と「中学校での英語学習に対する不安」が軽減される効果がありました。また、複数回行うことで、さらに効果が上がりました。
- 小学生、中学生ともに、学習意欲が向上し学習成果が上がりました。

　教師が一方的に教えるのではなく、生徒と児童をつなぐこと。そして小中学生が一緒に成功体験をすることで、以上のような結果が出ました。アクティブ・ラーニングだからできる小中連携の形です。

（伊藤大輔）

STEP 23 特別支援学級と通常学級の合同授業

＼ 特別支援学級と通常学級の合同授業 ／

　異学年アクティブ・ラーニングとアクティブ・ラーニングでの小中連携では、生徒が異なる学年や学校であってもアクティブ・ラーニングは可能であり、効果的であるということがわかりました。今回は、それを特別支援学級と通常学級の合同アクティブ・ラーニングという形で行った実践を紹介します。

　某公立中学校の2年1組では、特別支援学級に所属する2名（どちらも知的障害児。以下生徒A・B）の2年生と通常学級の生徒たちが、週に4回の英語の授業をすべて合同で行い始めて半年が経ちました。

　その結果、アルファベットが半分も書けなかった生徒Aが、ローマ字入力でパソコンを打てるようになりました。そして単語の発音をすぐに忘れてしまう生徒Bが、1年生の英語の教科書のおよそ半分であるprogram 5まで、はっきりとした声で音読できるようになったのです。そして最大の成果は、おそらく、このクラスの授業を初めて見る人は、どの生徒が特別支援学級の生徒かわからないほど自然に両者が一緒に学習できていることです。

＼ 成功の秘訣 ／

　特別支援学級と通常学級の合同授業では、異学年アクティブ・ラーニングのときと同じように、それぞれの生徒に異なった課題を提示しま

す。しかし全員達成を目指す点は同じです。たとえば、通常学級の生徒が助動詞の勉強をし、それに関する課題の達成を目指しているとします。同じ教室で特別支援学級の生徒は、ワープロでクラス全員の名前をローマ字で打つという課題に取り組むといった形です。正しく打てているかどうか、そのつど、周りの生徒に確認してもらう姿が見られました。このように、他の生徒とのかかわりも必然的に生まれてきます。

　気をつけてほしいのは、支援員の方がいる場合でも、できるだけ支援を要する生徒から離れて見守ってほしいということです。なぜなら近くに支援員の方がいると、どうしても生徒同士の関わりが少なくなってしまうからです。助けたい気持ちを少し我慢して見守りましょう。

　特別支援学級の生徒への課題に関しては、その生徒に合った課題を教科担任と特別支援学級の先生とで話し合って決めるとよいでしょう。

身につけさせたい力

　通常学級の生徒であろうと特別支援学級の生徒であろうと同じ社会で生きています。しかし学校においては特別支援学級と通常学級の交流も少ないまま学校生活を送ることが多く、ある意味、両者は切り離された生活をしています。

　就労すれば職場にはさまざまな人がいます。大人になってから急に一緒に同じ場所で働きなさい、と言われても両者ともに戸惑うばかりです。両者がお互いを尊重し合いながら働き、生きていけるようにするには、学校でそれを学ばなければいけません。そのためにも、合同授業はすべての子どもに大変意味のあることであると考えます。

（伊藤大輔）

アクティブ・ラーニングとの出会い

アクティブ・ラーニングに出会って

　約5年前、ふと西川純先生のホームページで見た、「子どもを信じる」というフレーズ。これが私のアクティブ・ラーニングとの出会いでした。最初は、生徒の動きに不安がありましたが、予想以上に生徒たちは活発に学習を進めていきました。

　何よりも生徒たちが自主的に学習し始めることに驚きました。課題達成のために先を見通し、勉強することはかっこいい、という雰囲気をつくり出してくれました。

　学校行事で感動し、涙したことは多々ありましたが、授業で感動し、涙したのは、このアクティブ・ラーニングに出会ってからです。

　生徒の有能さを本当に授業で実感できます。

私のやっているアクティブ・ラーニング

　私は以下の4つにこだわるようにしています。
（1）課題づくり
　生徒が課題を見て、最終ゴールは何ができればいいのか、わかりやすくつくることにこだわっています。
　そのために、課題提示するときの言葉を吟味をします。自分自身が生徒の視点で考え、活動の途中で生徒同士が最終ゴールについて疑問が出ないようにします。
（2）十分な時間
　課題をわかりやすく、手短に提示して、「はい、どうぞ」と生徒に十分

な時間を与えます。可能な限り35〜40分は生徒の時間にします。
(3) 生徒の声を聞く

　定期テスト直後の授業では、生徒全員に授業評価をしてもらっています。評価項目は①課題設定、②授業の満足感、③仲間との活動、④生徒自身の学力向上、の4項目と自由記述です。

　4項目については1〜4の点数をつけてもらいます。

　自由記述から生徒の動き、課題設定の甘さを反省することもありますが、とても活用できます。自由記述には必ず返事を書いて生徒に戻します。

(4) ネームプレートづくり

　アクティブ・ラーニングでは欠かせません。生徒の現状が一目瞭然です。中学1年生の最初から始めると、特に違和感なく3年間有効に活用できます。

アクティブ・ラーニング後の自分の変化と読者へ一言

　アクティブ・ラーニングをやってみると、生徒の様子がよく見えるようになります。また、教材研究に追われなくなります。課題設定さえしっかりしていれば、教材は生徒たちが探し出します。

　悩んだときの解決ネットワークも広がり、「意外と簡単！　アクティブ・ラーニング」です。

（細山美栄子）

アクティブ・ラーニングは方法ではない。教師の腹が成功のカギ

新任の校長が赴任したとします。さて、どれぐらいで職員室の雰囲気が変わるでしょうか？ おそらく数日で変わるでしょう。では、職員集団は何を手がかりに校長を判断するのでしょうか？

皆さんの学校にも、「あの人が言うならば正しいだろう」と思う人はいると思います。その人は人の腹を読むのに長けた人です。そのような人は人の個々の行動の裏にある、その人の行動を決めている考え方を読み取るのです。

そのようなことが得意な人は、集団に2割程度います。その人たちが立ち話の中で情報を交換し、品定めをするのです。かなり正確に読み取ることができます。そして、その人たちが品定めの結果を周りの人に伝えます。そして、周りの人は、それを信じます。それが職員室で起こるのです。

教室での教師は校長と同じです。教師について、上記と同じことが教室で起こっているのです。

人の行動を読める人たち（生徒たち）は、いったい何を見ているのでしょうか？

職員集団がチームになることが大事であることを理解し、集団を動かそうとするか否か、また、職員集団を有能と思い任せるか、職員集団を信じられず、細かい指示を与えるか否かを見ているのです。

職員室の中で管理職に対して、職員から辛辣な意見が飛び交う場合もあるかもしれません。しかし、教室の中ではあなたが管理職であり、職員が管理職を見るのと同じ視線で、生徒たちがあなたを見ていることを忘れてはいけません。

(西川純)

CHAPTER 4

困ったときには?
アクティブ・ラーニングQ&A

Q1 教師が指導しなくても発音は身につくの？

＼ まずは十分なリスニング ／

　オールイングリッシュでの授業が求められている現在、生徒同士の関わりを重視した授業スタイルをとると、教師による十分な量の英語の発話を聞く機会を多く確保することはできません。しかし、だからと言って生徒のインプットの量が減ってしまうかと言えばそうではありません。むしろ生徒が聞きたいときに聞きたいだけ聞くことができる環境を設定することで、教師が全員に向けてCD等を使って聞かせるよりも、よほど生徒一人ひとりにあったリスニング活動ができます。ポイントは聞きたいときに聞きたいだけ聞ける環境の設定にあります。

＼ どのように環境設定をするか？ ／

　教科書に準拠した音声教材をiPadやICレコーダーにすべて入れておきます。それらの準備が難しい場合は、CDラジカセを複数台用意していつでも使えるようにしておきます。ちなみに一人1台分のiPadやICレコーダーを準備する必要はありません。これまでのアクティブ・ラーニングにおけるICT機器の活用研究によると、生徒は共同で1台のICT機器を使用することを自ら求めます。なぜなら生徒は、英語の学習についても、ICT機器の使い方についても、友達と確認し合いながら進めたいと思っているからです。学校によっては、十分なICT機器を準備できないこともあるかもしれませんが、このように生徒は共同で使いますの

で、数を気にしすぎずに、準備できる分だけ準備をして授業に臨みましょう。

＼ リスニングから発音へ ／

　このような環境設定をすることで、ネイティブによる正しい発音の音声を自分が理解するまで何度も聞くことができます。しかし何度も聞けるからといって、正しい発音が身につくとは限りません。そこで正しい発音ができているかどうかをチェックする必要があります。

　そのためには授業者とALTが授業中に机間巡視をし、間違った発音が聞こえたら「なんか発音がおかしいな〜」とつぶやき、声による可視化を行います。きっと周りの生徒が教えてくれるか、間違えた発音をしている生徒自身が再度、音声機器を使って自分の発音を確認することでしょう。

　多くの生徒が同じ箇所の読み間違いをする場合は、その文を黒板に書いておき、最後の語りのときに全体で共有することも一つの方法です。

　また少なくとも1単元につき1回はスピーキングテストを実施することも有効な方法です。単元のどこを読むかはテスト直前に伝えるようにすれば、生徒は単元のどの部分を読むことになってもいいように何度も練習をします。ALTに質問する生徒も増えます。

　これらの工夫をすることで教師の直接指導を減らしても、一斉授業と同じように発音を身につけることができます。

（伊藤大輔）

Q2 ALTはどう活用すればいい？

＼ ALTとのTTの授業 ／

　アクティブ・ラーニングにおいてALTが来たとき、どのような授業を行えばいいか迷う先生がいらっしゃいます。ALTが来るときに毎回、特別なことをやろうとすると長く続かないことは英語の先生ならば誰もが認識するところだと思います。普段とは変えずに、英語の先生が教室に2人いる。そんな感覚で進めることが大切です。

　ALTの中には生徒の立ち歩きを全く許さない日本のスタイルよりも、アクティブ・ラーニングのほうが自分が学んできた学習スタイルに近く、自然で受け入れやすいとする先生もいます。そのような理由から、ALTは私達よりも、むしろ柔軟に対応できるのかもしれません。

　実際、特別なことをしなくとも、アクティブ・ラーニングはALTにとって一斉授業のときよりも生徒に話しかけやすい状態です。授業中に、ALTと生徒が話す姿が一斉授業のときよりも多く見られます。

　特別な活動ではなく、2人の英語教師が教室内にいることを活かし、課題にひと工夫加えることで、より効果的にALTを活用することはできます。以下に課題の例を示します。このようにすることで、課題づくりに苦労することなくALTを活用することができます。

- 自己紹介を1分間英語で言い続けることができる。
友達2人に聞いてもらい、合格したら、<u>ALTの先生の合格をもらう</u>

> こと
> ●教科書p.108〜p.111を1分以内にスラスラと読むことができる。友達1人とALTまたは先生のどちらかに聞いてもらい合格のサインをもらう

ALTを通して育てたい力

　iPadや辞書、ラジカセなどはすべて、生徒が課題を達成するために使う学習ツールであると言えます。人間をツールと呼ぶのには抵抗があるかもしれませんが、わからないときに人に聞くことで、自分の学習を先に進めることを考えれば、人も学習ツールの一つであると捉えることもできます。そう考えたときに、人に聞くことも含めて、「どのようなときにどのツールを使うのが最適なのか」を学習者が学ぶことは、生徒の将来のことを考えたときに非常に大切です。

　「次の授業ではALTが来るから教科書のリーディングを今日のうちに練習して次回の授業で教えてもらおう」「来週ALTが来るからこの単語の発音は辞書で調べるよりもそのとき、聞くことにして、今日は別な課題をやろう」。そんな声が生徒から聞こえてきたら、素晴らしいですよね。先を見て自分が今やるべきことを考えられる力がついている証拠です。さらに、発音を身につける最適なツールは辞書ではなくALTに聞くことだという「最適なツールの選択」もできています。

　このような力が生徒の将来を考えたときに必要であり、ALTを活用してつけることができる力の一つです。ALTだからこそできる英語指導の強みは今まで同様に授業で発揮してもらいながら、こういった指導もできるのがアクティブ・ラーニングならではのALT活用方法ではないでしょうか。

（伊藤大輔）

Q3 ICT機器の有効な活用方法は？

＼ ICT機器を活用し、さらに生徒を関わらせる ／

　アクティブ・ラーニングでは生徒同士を関わらせることを重要視します。しかし必ずしも関わる生徒が同じ教室にいなければならないわけではありません。ICT機器を活用することで他学年や卒業生とも関わらせることができます。

　たとえば教科書の中には発展的な内容として自己紹介や自分の夢を発表をするなどの表現活動が入っています。それらをiPadやビデオで録画するようにしましょう。そして次年度の同じ活動を行う際の参考にさせるのです。

　実際の授業の最初に「活動の際に先輩のよい例はiPadの中に入っています。うまく参考にして自分の作品づくりに活かしてください」などと紹介します。全体の前で映像を見せるのではなく、いつでも見られるようにセッティングしておけば、見たい生徒が見たいときに見ます。教科書や参考書と違い、自分の身近な先輩の例は生徒の興味や関心を強くひきますし、実際、生徒たちは大いに参考にします。

＼ 自分の作品を残す ／

　逆に「自分がつくり上げた作品を次の学年で参考にするよ」と言ったときの生徒の意識の高まりもあります。「適当に作ればいいや」と思っていた生徒も、後輩に見られると思うと俄然やる気が出たりするもので

す。生徒によってはそのことを強く意識し、何度も動画を取り直す姿も見られます。逆に先輩の作品を参考にする下級生の生徒の中には、先輩よりもいいものを作ろうと頑張る生徒も出てきます。

このようにしてできた作品を毎年後輩に見せていくことで、教科書よりももっと身近な手本が増えていくわけです。

身に付けさせたい力

パソコンやiPadなどの機器の一般的な使い方とは別に、英語教師が生徒に身につけさせたい力があると思います。それは、生徒が将来、英語を使う機会に直面したときにそれらの機器を有効に使える力ではないでしょうか。つまり英語でメールを書くことになったときや、外国を旅行するときに簡単な会話をしたいと思ったときに、どのようにICT機器を活用できるかが問題となってきます。

パソコンの翻訳機能の性能はすばらしいです。しかし会話調のまま入力して翻訳させたり、複雑な長い文をそのまま翻訳させようとしたりして、結果的におかしな英語に翻訳された英文を見かけます。主語や動詞を意識した文を入力する。もしくは、文としてではなく単語で調べて自分で組み立てるなど、使用者が工夫をして使わないと正しい英語にはなりません。

そういった効果的な使い方を、身をもって学ぶことが必要なのではないでしょうか。そのためには教師ができるだけ普段の学習環境にパソコンやiPadなどの情報端末を置いておくことで生徒は失敗を繰り返しながら学んでいきます。体験を通して学ぶことで生徒は受動的ではなく能動的に学んでいくのです。

（伊藤大輔）

Q4 アクティブ・ラーニング授業での評価は従来とは違うの？

＼ アクティブ・ラーニングの評価 ／

　評価に関しては、アクティブ・ラーニングにおいても、各種テストと普段の学習の評価を併せるというような従来式のやり方と基本的に変わりはありません。ちなみに定期テストの内容も今までと同じで問題ありません。

　しかしアクティブ・ラーニングだからこそ生じる評価があります。それは、全員が課題達成するための一人ひとりの行動についてです。たとえば、ある課題に関して、生徒個人のレベルで考えれば、その時間のうちに終えることができれば問題ありません。しかしみんなが自分だけのことを考えていたら、全員達成はできないことが多いです。

　たとえば、英語の得意な生徒であれば、全員の課題達成のためには自分自身が早く課題を終え、他の生徒に教えるというような行動ができます。このような、学級全体を考えたときの生徒の行動については、アクティブ・ラーニングだからこそ生じる評価の視点です。その評価を授業中の声による可視化と最後の語りで行うのです。当然のことながら、全体の利益を考えての個人の行動は、社会に出てからも必要となる大切な力です。それを積極的に評価し、伸ばすのです。

＼ 英語に対する「興味・関心・意欲」に関する評価 ／

　英語に対する「興味・関心・意欲」の観点に関しては、一斉授業に比

べて著しく評価しやすくなります。

　なぜなら第１に、生徒の動きが一目瞭然だからです。課題の達成に全力で取り組んでいる生徒やわからない子に教えている生徒がいる一方で、課題と関係のないことをしている生徒もいるでしょう。そんなさまざまな様子が見えてきます。

　第２に、教師自身が生徒をよく見るようになるからです。教師の授業中の主な仕事は可視化です。そのためには、今まで以上にクラス全体を見るようになり、生徒一人ひとりの声に耳を傾けるようにもなります。

　今まで以上に生徒の動きをよく見ることができるので、英語によるコミュニケーションへの積極性を見取りやすくなります。今まで評価しにくかった観点がしやすくなることでしょう。

生徒も納得できる評価

　課題を提示する際には、その課題に対応する評価の基準も提示する必要があります。たとえば「助動詞willを使って週末の予定について３人の友達に説明することができる」という課題であれば「３人の友達に説明することができる」という部分が評価の基準となります。

　そうすることで、生徒も教師も評価の基準を明確に共有することができ、最終的に生徒も納得のいく評価がつくこととなります。その結果、生徒の立場から見て、教師から一方的に評価されたというような印象をもつことが少なくなります。アクティブ・ラーニングでは、学習と評価のつながりをより可視化することができ、そのことが生徒に納得のいく評価をもたらします。

（伊藤大輔）

Q5 ノート指導はどうする？

＼ ノート作成の目的により、やり方は自由 ／

　アクティブ・ラーニングでは、一斉指導のように教師が説明しながら板書をし、それをすべての生徒が書き写すまで待つことよりも、活動の時間を長くとることを優先します。そういった視点でのノートの作り方の例を以下にいくつか示します。やり方は自由です。授業者がノートというものをどのように捉え、その目的をどう考えるかで判断してほしいと思います。とにかく活動の時間を長くとるためにはどうしたらいいか？　という視点だけは忘れないでください。

　またどのやり方でノートを作成させるにしても、ぜひ定期的にノートチェックをすることをお勧めします。そうすることで、教師は生徒のノート上の間違いを指摘できます。生徒自身も教師に評価されることがわかっていれば、学習意欲も刺激されます。任せっぱなしではなく、しっかりと見ていることを生徒に伝えることも大切です。

＼ 自分でまとめさせる ／

　教室の棚には中学生用の文法書や参考書を数冊用意しておきます。中学生用のノートの作り方というような内容の本も市販されておりますので、それらを置いておくのも参考になります。こういったものを配置することで、生徒は自分できれいにノートを作り始めます。このノート作りに関しても声による可視化により、その質はぐんぐん上がります。「こ

の助動詞の説明わかりやすいね〜」「表にすると一目瞭然なんだね」などと声をかけることで周りの生徒は気にし始め、中にはその生徒のノート作りを参考にする生徒も現れます。ほめられた生徒はさらに見やすくわかりやすいノートを作ります。

先輩のノートを参考にする

　生徒にノートを作らせると、1年の最後には本当に素晴らしくよくまとまったノートを作る生徒が出てきます。そのノートをその年だけで終わらせるのではもったいないです。ICT機器の活用のページでは先輩のよい例を参考に後輩が活動する例を挙げました。ノートに関しても同じことができます。卒業する生徒からよいノートを置いていってもらい、次年度の学年で使わせてもらうのです。もちろんそのノートを写すことを強制はせず、教室の棚に置いておきます。このようにして、よいノートも引き継がれていきます。

教師が準備したものをノートに貼る

　教師は、一斉指導で授業を行ったときに板書しようと計画していたことをプリントにまとめます。それを印刷して配付し、生徒はノートに貼るというやり方です。生徒のノートをチェックしていると意外と多いのが、黒板をノートに写す際に起きる写し間違いです。この方法ではそれを防ぐことができます。

（伊藤大輔）

Q6 アクティブ・ラーニングを受け入れてもらえなかったら?

＼ 週に1回だけアクティブ・ラーニングをしてみる！ ／

　実際にアクティブ・ラーニングを始めてみると、生徒からさまざまな意見が出されます。「答えを教えてくれないと不安です」「〇〇君が邪魔してきます」「だって皆でやっても(遊んでも)いいんでしょ？」などです。一斉授業に慣れているために、このように考え、生徒も不安になるかもしれません。

　アクティブ・ラーニングに対して自信がないときには、週に1回だけ丸ごとアクティブ・ラーニングをして、他の時間は一斉授業で行ってみてはどうでしょうか。一斉授業では少しずつ教師の考えを語り、発問の後に「周りの人と相談してごらん」と生徒同士の関わる機会を多くしていきます。そうすることで、徐々にアクティブ・ラーニングのスタイルにも慣れていき、課題を自分で解きながら周りをサポートする場面が増えていくようになります。

＼ アクティブ・ラーニングは生徒の中で広がっていく ／

　アクティブ・ラーニングに慣れてくると、生徒たちは自ら考え、自ら行動し、課題を解決していくことができるようになっていきます。彼らの生の声を聞くと、アクティブ・ラーニングをやる勇気がふつふつと湧いてくるのがわかります。アクティブ・ラーニングが彼らのためになっていることを再確認できます。

ある授業で、問題を答えることができたのは、クラスの中で1人しかいませんでした。最初はほとんどの生徒がお手上げ状態でした。しかし、できた生徒が次々にやり方を伝えていきます。授業時間が進むにつれて、できる人がどんどん増えていき、ほとんどの生徒がその問題を解くことができました。1人のできるということが、1人から1つのグループへ、1つのグループから他のグループへと、クラス全体へと伝わりました。クラスの力のすごさを思い知りました。

　また、ある授業で「ワークの〇ページから〇ページが全員できる」という課題を出し、生徒は『学び合い』によるアクティブ・ラーニングで学習を進めました。しかし、生徒たちは手を抜いていました。学習があまりできない生徒をほったらかしにして、学習を進めていました。その子の近くで、「本当にできているかな？」などつぶやきますが、なかなかうまくいきません。本人もあきらめて遊び始めている始末でした。時間がきたので、クラスに「本当に全員できましたか？」と尋ねました。そうすると、クラスのほとんどが「できた！」と答えました。そこで私は、「それでは誰に指しても大丈夫なんだよね？」と言い、その生徒と別の生徒を指名して、問題を答えさせました。案の定、問題に答えることはできませんでした。「みんなが本当にできるってことを目指しているんでしょ？　本当に全員ができるようになりなさい！　さぁ、どうぞ」と言い、ある程度時間をとりました。本気で全員達成をしたいということを伝えたかったのです。すると、すぐに何人かの生徒ができていない生徒のところに向かっていき、教えていました。授業の終わりにもう一度2人の生徒に問題を答えさせると、見事答えることができました。その時の雰囲気は何とも言えない良い雰囲気でした。

　最初のうちは、アクティブ・ラーニングがうまくいかないこともあるかもしれません。しかし、生徒同士の関わる時間を増やしていくと、不安が解消され、自主的に取り組むようになります。

（進藤豪人）

みずから考えさせる活動を展開する

教え過ぎず、みずから考えさせる

　女子サッカー日本代表の佐々木則夫監督が、新年を迎えたNHKの特集でゲストとして招かれ、リオ五輪に向けた意気込みや、これまでの組織作りの哲学について話していました。その中で佐々木監督は「教え過ぎず、みずから考えさせる」を信念としてやってきたと話していました。

　「ほとんど個でピッチの中で選手たちが判断するのがサッカーですから、そういう意味での集団的な知性を高める上では、選手たちが自主性をもとにいろいろ工夫する、まさにソーシャルなフットボールチーム」そんなチームを目指しているということを、熱意をもって話していたのが印象的でした。

「自主性」と「社会性」

　これからの教育は「自主性」と「社会性」の育成が重要視される時代を迎えると考えられます。大学入試のあり方が大きく見直されることとなり、欧米的な「個人の考え」を問うテストを導入することが検討されています。生徒たちは「〇〇大学卒業」という肩書きではなく、個の力のみを頼りに社会で生きていかなければならなくなるのです。

　ここでいう個の力とは、技術力や発想力などの「生きる力」を指しているのですが、自分は何に秀でていて、何を目指したらいいのかという問いに対し、自分なりの答えを見つけていかなければなりません。そのために、自主的に考え行動するといった「自主性」がおのずと必要になってくるのです。

もう一つのキーワードは「社会性」です。若者たちが会社に就職しながらも仕事が続かなかったという事例で、もっとも多かった理由が「人との関係性をうまくつくれなかった」という対人関係であったことがさまざまなデータで報告されています。社会に出てからもコミュニケーション力や協同力を鍛え、余暇を友人などと過ごし、ストレスを解消していくなどのセルフコントロールの力など「社会で生き抜く力」が求められます。

共に考える教育

　「学校に何をしに来ているの？」その答えを生徒たちが「自分は〜のために来ている」と自信をもって答えられる生徒の育成がこれからの時代の教育なのだと私は考えています。

　問いに答えていくためには、生徒そして学校や教員が現状の観念にとらわれず、新たな一歩を踏み出さなければなりません。

　小さなステップとしては授業改善です。授業の中で課題をこなしていくというルーティーンの中に、もう一つの意図を感じ、考えながら時間を過ごしていくという感覚を、生徒や授業者が互いにもつということです。

　つまり、授業の中で「自主性」や「社会性」について生徒や授業者が常に考えながら活動を展開することが重要になってくるのです。

（木花一則）

これからの教師の職能とは何か？

　あ る日、学生さんに今後の学校の未来の姿を語りました。成績上位層の保護者（医者や弁護士等）が礼儀正しく、「成績中位の子どもに合わせた授業では、我が子の学力保証ができない。ついては、先生の授業は邪魔しないので、こちらで用意したタブレット端末で勉強させてほしい」と校長と担任に申し入れるのです。

　反転授業の行き着く先は、全転授業になります。私は学生に現状のネット上のコンテンツの実態を語り、近未来のコンテンツを語りました。

　その時、どう返答したらいいかを聞きました。みんな黙ってしまいました。ある学生が「でも、一人でも許したら、誰も私の授業を聞いてくれなくなる」と言ったので、私は「それは、あなたの都合だよね。学校教育は教師のためにあるのではなく、子どものためにあるんだよ」と言うと黙ってしまいました。学生さんは重苦しい雰囲気になりました。

　そこで、私は学生さんにこう言いました。

　「タブレット端末にできるようなことはタブレット端末に任せればいい。所詮、ツールじゃないか。今の授業だって鉛筆を多くの時間使っている。教師が鉛筆を作って子どもに配付するなんてバカなことはしないよね。鉛筆が売っているなら、それを使えばいい。タブレット端末のほうが有効な部分は任せればいいんだよ。

　じゃあ、教師は何をすればいいか。それはタブレット端末、また、タブレット端末に写っている教師にはできないことをすればいい。それは人の道を語ること。具体的にはクラスはチームであることを語ること。そして、子どもたちのやる気に火をともすこと。君らの多くは経験済みだよ。部活だよ。今後の教師は部活の顧問のような立場になるべきなんだよ」

（西川純）

読書ガイド

　『学び合い』によるアクティブ・ラーニングを本書では紹介しました。それについて理解を助ける本としては、**『すぐわかる！　できる！　アクティブ・ラーニング』**（学陽書房）、**『アクティブ・ラーニング入門』**（明治図書）、**『高校教師のためのアクティブ・ラーニング』**（東洋館出版社）があります。

　また、今後、生徒たちが生きなければならない社会の状況に関しては、**『2020年激変する大学受験！』**（学陽書房）、**『サバイバル　アクティブ・ラーニング入門』**（明治図書）をご覧ください。そして**『アクティブ・ラーニングによるキャリア教育入門』**（東洋館出版社）で対策してください。

　本書では『学び合い』自体の説明はP32に簡単に示しましたが、詳細は紙面の関係で割愛しました。『学び合い』の詳細を学ぶための書籍も用意されています。まず、『学び合い』の素晴らしさを学びたいならば**『クラスが元気になる！『学び合い』スタートブック』**（学陽書房）がお勧めです。『学び合い』のノウハウを全体的に理解したならば、**『クラスがうまくいく！『学び合い』ステップアップ』**（学陽書房）と、**『クラスと学校が幸せになる『学び合い』入門』**（明治図書）をご覧ください。さらに合同『学び合い』を知りたいならば**『学校が元気になる！『学び合い』ジャンプアップ』**（学陽書房）をご覧ください。

　生徒にそんなに任せたら遊ぶ子が出てくるのではないかと心配される方もおられると思います。当然です。たしかに初期にそのような生徒も出てきます。しかし、どのような言葉かけをすれば真面目になるかのノウハウも整理されています。そのような方は**『気になる子への言葉がけ入門』**（明治図書）、**『『学び合い』を成功させる教師の言葉かけ』**（東洋館出版社）をお読みください。手品のタネを明かせば当たり前のような考え方によって『学び合い』は構成されていることがわかっていただけると思います。『学び合い』では数十人、数百人の子どもを見取ることができ

ます。そのノウハウは『子どもたちのことが奥の奥までわかる見取り入門』（明治図書）をご覧ください。しかし、授業のレベルを高めるには課題づくりのテクニックが必要となります。それは『子どもが夢中になる課題づくり入門』、『簡単で確実に伸びる学力向上テクニック入門』（いずれも明治図書）に書きました。

『学び合い』のノウハウはさまざまな場面でも有効です。

特別支援教育で『学び合い』をするためには『『学び合い』で「気になる子」のいるクラスがうまくいく！』（学陽書房）、『気になる子の指導に悩むあなたへ　学び合う特別支援教育』、言語活動を活性化させるために『理科だからできる本当の「言語活動」』という本を用意しました（いずれも東洋館出版社）。また、ICTの『学び合い』に関しては『子どもによる子どものためのICT活用入門』（明治図書）を用意しました。

また、信州大学の三崎隆先生の『『学び合い』入門　これで、分からない子が誰もいなくなる！』（大学教育出版）、『『学び合い』カンタン課題づくり！』（学陽書房）、『これだけは知っておきたい『学び合い』の基礎・基本』（学事出版）が出版されています。また、水落芳明先生、阿部隆幸先生の『成功する『学び合い』はここが違う！』、『だから、この『学び合い』は成功する！』（いずれも学事出版）があります。また、青木幹昌先生の『成功する！『学び合い』授業の作り方』（明治図書）があります。

日本全国には『学び合い』の実践者がいます。そして、その人たちの会が開催されています。機会を設けて、生の実践を参観し、会に参加されることをお勧めします。

(西川純)

編著者紹介

シリーズ編集

西川 純（にしかわ　じゅん）

1959年、東京生まれ。筑波大学教育研究科修了（教育学博士）。都立高校教諭を経て、上越教育大学にて研究の道に進み、2002年より上越教育大学教職大学院教授、博士（学校教育学）。臨床教科教育学会会長。全国に『学び合い』を広めるため、講演、執筆活動に活躍中。主な著書に『すぐわかる！できる！　アクティブ・ラーニング』、『2020年　激変する大学受験！』（いずれも学陽書房）、『高校教師のためのアクティブ・ラーニング』（東洋館出版社）、『アクティブ・ラーニング入門』（明治図書）ほか多数。（メールのアドレスは jun@iamjun.com です。真面目な方からの真面目なメールに対しては、誠意を込めて返答いたします。スカイプでつながることもOKです）

著者（50音順）

伊藤 大輔（いとう　だいすけ）

1978年、福島県生まれ。大学卒業後、青年海外協力隊に参加。帰国後、会社勤めを経て、教員となる。福島県立公立中学校教諭として勤務、現在に至る。どんな生徒にも力をつけることができる授業を目指し、日々奮闘中。

木花 一則（きはな　かずのり）

1974年、新潟県生まれ。教師生活20年目。5年前に上越教育大学教職大学院で学び、アクティブ・ラーニングに出会う。アクティブ・ラーニング実践4年目。共著に『THE『学び合い』』（明治図書）、『学級を最高のチームにする極意　信頼感でつながる学級づくり』（明治図書）などがある。

進藤 豪人（しんどう　ひでと）

1989年、秋田県生まれ。上越教育大学大学院修了後、新潟県立公立中学校教諭として勤務、現在に至る。アクティブ・ラーニングを日々実践するとともに、アドラー心理学・コーチング理論をもとにした教育活動を行う。shinhide123.blogspot.com にて教育実践を公開。

細山 美栄子（ほそやま　みえこ）

1969年、青森県生まれ。筑波大学第一学群人文学類卒業後、青森県公立中学校教諭として勤務、現在に至る。アクティブ・ラーニングを日々実践する。『授業力＆学級経営力』2015年9月号に寄稿などがある。

すぐ実践できる！
アクティブ・ラーニング
中学英語

2016年 8月17日 初版発行
2016年10月21日 2刷発行

シリーズ編集	西川　純（にしかわ じゅん）
著　者	伊藤大輔（いとうだいすけ）・木花一則（きはなかずのり）・進藤豪人（しんどうひでと）・細山美栄子（ほそやまみえこ）
発行者	佐久間重嘉
発行所	学　陽　書　房

〒102-0072　東京都千代田区飯田橋1-9-3
営業部――――――TEL 03-3261-1111／FAX 03-5211-3300
編集部――――――TEL 03-3261-1112
振替口座　00170-4-84240
http://www.gakuyo.co.jp/

ブックデザイン／スタジオダンク　イラスト／大橋明子
DTP制作／越海辰夫　P5〜8デザイン／岸博久（メルシング）
印刷・製本／三省堂印刷

Ⓒ Jun Nishikawa 2016, Printed in Japan　ISBN 978-4-313-65319-1 C0037
乱丁・落丁本は、送料小社負担にてお取り替えいたします。
定価はカバーに表示してあります。